JN087741

大川隆法
初期重要講演集
ベストセレクション⑤

勝利の宣言

Ryuho Okawa
大川隆法

大川隆法
初期重要講演の軌跡

1990.7.8−1990.9.30

第１章

1990年7月8日法話
「勝利の宣言」
（盛岡市アイスアリーナ）

「私たちは、神の創られたこの地上において、一切の悪なる勢力を一掃しなくてはならないのであります。」（第１章より）

（上）講演に聴き入る人々。
（左）会場となった盛岡市アイスアリーナ。

会場となった愛知県体育館。

第2章
1990年7月29日法話
「永遠の今を生きる」
（愛知県体育館）

「最高度に人生を輝かす、この地上の時間を黄金にしていくことこそが、私たちにとって必要なことであるのです。」（第２章より）

会場には大勢の人々が詰めかけた。

第3章

1990年8月26日法話

「大宇宙の悟り」

（幕張メッセ国際展示場）

「われらは、いつの時代にも高い文化を経験して、そして、次から次へと文明を循環させてきた人々であるのです。」（第３章より）

（上）講演には約１万8000人の聴衆が詰めかけた。
（右）幕張メッセにできた長蛇の列。

第4章

1990年9月2日法話
「伝道の精神」
（北九州市立総合体育館）

「神を愛するということは、人間である以上、当然のことであるのです。」

（第４章より）

（上）当日の会場内の様子。
（左）入場受付を待つ人々の様子。

第5章

1990年9月30日法話
「人生修行の道」
（愛媛県県民文化会館）

（上）入場を待つ人々の列。（右）会場の外観。（下）講演会場内の様子。

「『こういう事態が起きて、こうなりました』という『流される人生』ではなくて、自分からやはり選び取って、『よし。これを最高にしてみせるぞ』と、こういうふうに思って生きたいものだと私は思います。」
（第５章より）

まえがき

今から三十一年も前、私が満三十四歳で、幸福の科学が宗教法人格取得の前年の講演集である。

口絵がわりの扉の写真集をごらんになれば分かる通り、すでに日本最大規模の宗教団体としての大講演会をやっている。

私はまだ若く、力強く、勇気一本で勝負している感があった。

第1章の「勝利の宣言」は、翌年から始まる「御生誕祭」に先立って、岩手県で行ったものである。講演後、新幹線に乗って、四時間近くかかって東京に帰ったが、車中トイレに寄ると、血尿が出たのには、私自身も驚いた。遠隔の地で、さらにとても当日は暑く、講演は激しいものだった。まさに一期一会で、命がけで自分が仕事をしていることを知った。

第2章の「永遠の今を生きる」は、まことに不思議な話で、こんな超越哲学を話したのは、これ一回限りである。

第3章の「大宇宙の悟り」は、幕張メッセの展示場を講演会場に造りかえての二万人近い大講演会であった。私は、いつもの通り原稿もなく、ムー帝国のラ・ムー大王の宇宙人接近遭遇体験の話をしていた。話しながらも、この大人数の人たちに分かってもらえるか、「嘘つくな。」というヤジでも飛ぶかと思っていたが、皆ジーッと聞きいってくれて驚いた。

今にして思えば、最初の数年で、この世を去っていてもおかしくないぐらい激しい伝道講演会の連続だった。

三十年以上経って、まだ私の講演会に来て下さっている方々もいる。教団もこの間、危機の三十年を戦い続けてきた。熱心についてきて下さった皆様にただ「有難う。」と感謝するのみである。

二〇二一年　七月三十日

幸福の科学グループ創始者兼総裁　大川隆法

大川隆法　初期重要講演集　ベストセレクション⑤　目次

第1章　勝利の宣言

一九九〇年七月八日　説法
岩手県・盛岡市アイスアリーナにて

第2章　永遠の今を生きる

一九九〇年七月二十九日　説法
愛知県・愛知県体育館にて

第3章 大宇宙の悟(さと)り

一九九〇年八月二十六日 説法
千葉県・幕張(まくはり)メッセ国際展示場にて

第4章　伝道の精神

一九九〇年九月二日　説法
福岡県・北九州市立総合体育館にて

第5章　人生修行の道

一九九〇年九月三十日　説法
愛媛(えひめ)県・愛媛県県民文化会館にて

第1章

勝利の宣言

一九九〇年七月八日　説法（せっぽう）
岩手県・盛岡（もりおか）市アイスアリーナにて

1　天上界（てんじょうかい）において「勝利」を意味する数字とは

七月八日という、本年度の折り返し点とも言うべきときに、この東北は岩手の地におきまして、記念すべき講演会を開催（かいさい）できるようになりましたことを心からうれしく思います。

まず講演に先立ちまして、昨日（さくじつ）、私の三十四回目の誕生日に当たりまして、みなさまから数多くのメッセージや、あるいはお祝いを頂きました。そのなかで、いちばん私を喜ばせたものは、ほかなりません、七万数千人の幸福の科学会員がすでに日本全国に集（つど）っているという報告でありました。

思えば、今年（一九九〇年）の一月、本年は「サンライズ'90（ナインティ）」といって、日の出計画、「真理の太陽を全国に昇（のぼ）らせるぞ」という計画を掲（かか）げ、その当時におきましては、まだ会員数わずかに一万二、三千人というところでありましたが、三月、「信仰と愛」の講演（『大川隆法　初期重要講演集　ベストセレクション③』所収）、そして五月の研修会におきますところの「信仰と伝道」という講演（『伝道論』所収）を契機にして、会員のみなさまが立ち上がってくださいました。

　そして、おそらく今日の段階では、七万七千人に達しているであろうと私は思うのであります。これをもって、第一の「勝利の宣言」といたしたいと思います。みなさん、ありがとうございました。

　会員のみなさまにおかれましては、たいへん苦難のなか、困難のなかをご苦労されたことだと思います。しかし、これは、私がみなさまに投げかけましたところの「信仰」と「伝道」は、その情熱に基礎を置き、情熱が本物となったときに奇跡は

『伝道論』（宗教法人幸福の科学刊）

『大川隆法　初期重要講演集　ベストセレクション③』（幸福の科学出版刊）

現れるのだということを雄弁に物語っていると思うのであります。

おそらく、今年の計画はさらにさらに上方修正されていくことになるでありましょう。私はそう信じます。けれども、今、第一の「勝利の宣言」をいたしましたが、本年中には第二の「勝利の宣言」をせねばならんと、固く心に誓っているところであります。

「サンライズ'90」の第一目標は達成されましたが、第二目標の「真理の花束──真理の書籍、真理のＣＤ、こうしたものを全国に、本年度中に一千五百万本、全国津々浦々に届ける」という目標は、まだその道の半ばにあります。どうか今年の年末には、第二の「勝利の宣言」をさせてください。みなさま、お願いいたします。

そして、すでに会員のみなさまはご存じでありましょう。このサンライズ'90、九〇年計画の目標は、まず真理の太陽を掲げることでありましたが、来年以降、この真理伝道は本格的な動きとなってまいります。それを私は「ミラクル計画」と名付けました。ミラクル計画は、九三年までの三カ年計画であります。まず初年度の

「ミラクル'91」において百万人の会員の達成を、二年度の「ミラクル'92」において三百万人の会員の達成を、そして「ミラクル'93」において全国一千万人の会員達成を目標として掲げました。

さて、ではいったい何ゆえにそのような計画を立てているのであるか、それを考えねばならない。そう私は思います。

私は昭和三十一年の七月七日、朝、潮満（しおみ）つるころ、七時ごろに生まれました。その数字の示すとおり、「７７７」という数字が並びます。これは偶然（ぐうぜん）ではありません。それは意味があって並んだ数字であるのです。

「７」という数字は、天上界（てんじょうかい）において、これは「勝利」を意味する数字であるのです。これは、一つには「勝利」を意味し、もう一つには「完成」を意味する数字であります。虹（にじ）は七色（なないろ）、そして天上界におけるところの神の光も、大きく七色に分かれております。そして天使には、七大天使という天使がおります。これらはすべて、この「７」という数字の持つところの意味を示しております。

この「７」の数字の意味は、もう一つ別の説明が可能であります。「７７７」の下には、「６６６」という数字があります。この「６６６」とは、『聖書』の「ヨハネの黙示録」のなかにも出てくる数字であります。この「６６６」という数字が示しているものはその奥は深いが、はっきりと結論を言ってしまうならば、私たちのこの目に見えない世界を二分するところの「地獄」といわれる闇の世界のなかにおいて、その頭を務めている者にルシフェルという名で呼ばれている者があります。これがサタンの頭であります。このルシフェルを表す数字が「６６６」なのであります。これが彼らの暗号であります。

「７７７」とは、この６にすべての面において凌駕するということを意味しているのであります。すなわち、この今生において私が生まれてくるときに、「勝利」への宣言を込めて生まれてきたということであります。

何に対しての勝利であるか。そう、今聴いた話から、もうすでにお察しの方が多いでありましょう。私たちは、神の創られたこの地上において、一切の悪なる勢力を一掃しなくてはならないのであります。

2　地球における天国と地獄の始まり

六億年前に計画された、地球での「魂修行」と「ユートピアづくり」

思えば、今から四十六億年前に、この地球という星ができました。そうして、この星に現在あるような人類を創り、そしてこの地において理想的なる魂の修行をなさんと計画したのは、今から六億年前であります。その計画をした本人が、ほかならぬ私（エル・カンターレ）であります。今から六億年前、この地球で人類最高の理想に燃えて、素晴らしいユートピアを、エデンの園をつくろうと決意したのであります。

そして、その当時、まだこの地上には、人類は一人もおりませんでした。そこで、私たち人間の先輩に当たるところの、魂修行をしている人たちが、金星霊界におりましたので、四億年前に、その金星から金星人として最高度に発達した人霊をこの地球に呼び、エル・カンターレが再生のパワーを与えて、地上で物質化現象を起こし、人類を創造しました。それが人類の肉体の先祖であります。

そうして、この地上に新しい魂学習の場をつくる、そういうことで、村をつくり、町をつくり、国をつくってまいりました。そして最初の人々は、みな心が非常に調和されておりました。今のみなさまがたは、この「三次元の世界」以外の世界を見ることも聞くことも感じることもできないでしょう。たまにはそういうことを感じる方もなかにはいらっしゃいますが、しかし、そうした方々はあくまでも例外であって、そんなものは感じないという人々が大多数でありましょう。

けれども、その人類の起源とも言うべき、今から四億年前に創られた人たちは、現在の私たちの状況とは違っておりました。彼らは肉体を持ってはおりましたが、肉体を持ちながら、人間は霊的な存在であるということを、自分たちの本質が霊的存在であるということを知っておりました。そして毎日毎日、実在界にあるところの、そう、当時、地球を指導に来ていた霊人たちともコンタクトを取り、そして神の心を心として生きておりました。

当時の人々は、全員がいわゆる霊道を開いた状態、霊能者の状態であったのです。しかもその状態は、現在、霊能者などの多くが悪霊だとか動物霊だとかに惑わされているような状況とはまったく違い、心は精妙に満たされ、精神統一をしたときに、彼らはいながらにして実在世界に還ることもできれば、また実在世界にあるところの神の太陽、真理の太陽の光を受けることができました。

その喜びがいかほどであったかを、みなさまがたは知ることができるでしょうか。そして、神の光を直接に受けることができるような、そうした偉大な人類の先祖たちは、最初のエデンの園をその地につくりました。それがユートピアでした。

地球の霊界に現れた「本来予定されていなかった世界」とは

やがて彼らの肉体子孫が増え、彼らの人口が地上で七億七千万人を超えたころ、エル・カンターレは、自分の創造した高級人類の子孫たちに、指導者としての経験を積ませるために、他惑星（わくせい）からの人類型生物の導入を決定しました。

地球を離れたはるかなるところに、魂修行をしている人たちが、銀河の他の惑星におりましたので、三億六千五百万年前に、ある惑星から一団の人々をこの地球に呼びました。

その最初の数は六千万人であります。六千万人の方がこの地上に降りました。エジプトの地です。今、ナイルが流れているところの、あのナイルのほとりです。今のような砂漠（さばく）ではなく、肥沃（ひよく）な土地でありました。緑うるわしい肥沃な土地でありました。そこに呼んだのです。今、呼ばれているような、宇宙船に非常に似た乗り物であります。現代の文明よりもまだ少し進んでいる、そういう文明でありました。そこから、この地球のエジプトの地に人々が降り立ちました。

そして、やがて次第（しだい）しだいに人口も増え、いろいろなところに住み分けていくようになりましたが、そのなかで、この地球での生活が長くなるにつれて、魂として、残念ながら進化と違った方向に向いていく者が出てまいりました。

彼らは、当時、地上での生命が非常に長いものであったために、次第に実在界に還るということを忘れるようになってきました。当時の寿命は、現在とは違って千年ぐらいはあったのです。平均においても、千年ぐらいの寿命を持っていました。その間、豊かな土地に、実り多い土地に生活をし、地上に楽園をつくろうとしていたことが、いつかしらその本質を忘れ、「この地上こそが人間の住むべき場であり、この地上を離れての生活はない」と思うようになってきたわけであります。そこに物質への憧れがありました。

また、人間の数が増えてきたことにより、次第に組織、指揮命令系統が複雑になり、それに従わぬ者が出てきました。本来のそのエデンの園におけるところの人間のあり方は、「神近き人が指導者となって、魂においてまだ学びの途上にある者を教え導く」ということが常識になっておりましたが、次第にその常識が通じなくなり始めて、この地上において富を蓄え、力を蓄えた者が、「自分たちのほうが優れたる者である」ということを主張するようになってまいりました。

その主張の根拠は、大部分が、例えば「他の人が持っていないような、大人数の人々を何年も食べさせていけるような食料を持っている」とか、「そのような（他の人が持っていないような）武器、戦いにおいて勝つことができるような武器を集めている」とか、霊的に見るならば、神の目から見るならば、本質とは離れたところにおいて、自分たちの存在意義を見いだしたのであります。そうしてその豊かな経済力、武力、そういうものを通して、人々を次第に自分になびかせて、「支配欲」がそこに出てまいりました。多くの者を従えようとする心です。

これに対して、神の光を受けて、本来、指導者として選ばれていた者たちは、彼らの説得に当たり始めました。

「おまえたちは、大変な考え違いをしている。私たちの本来の使命は、この地上においてユートピアをつくり、そしてそれのみならず、この地上を去った世界において、すなわち私たちが今、四次元以降の世界と言っているところのその実在世界において、また地上につくったと同じような、いやそれ以上のユートピア社会をつくることこそが、本来の使命であるのだ。

すなわち、地上において、われらはいろいろなことを今なしているが、これは、本来の世界においてこれからなさねばならぬ仕事の前哨戦であるのだ。まだその練習であるのだ。この地上を去って後、初めて本来の私たちの使命が待ち受けているのだ」

そのようなことを、指導者たち――そう、今、天使とか光の指導霊とか呼ばれている人たちの起源でありますが――彼らは説きましたが、地上において力を持ってきた人たちは、そうしたことに次第しだいに耳を傾けなくなってまいりました。

だってそうでしょう。

「何年分もの食料を持っていれば、それを分け与えることができるということで、人を自由に動かせることができるようになる。他の人よりも多く武器を持っていれば、その恐怖でもって人を従わせるようになっていける。

こうした力があるならば、このような権力が生まれてきたならば、何ゆえにそのような〝まどろっこしい話〟を聞かねばならぬか。神の世界がどうの、神の使いがどうの、そんなことではなく、現実に人々をこうして支配できるではないか。動かせるではないか。この快感に勝(まさ)るものはない」

というふうに考える者が現れてきても、不思議ではないと言ってよいでしょう。

こうして、最初のころは、まず地上を去った人々が心調和されていたために、この地球系にできたところの霊界は、非常に調和された高級霊界でありましたが、次第にそのように地上的、物質的なものに心を奪(うば)われたる者が地上を去るようになってから、この地上にほど近い霊域(れいいき)において、一種独特の世界ができ始めてまいりました。それはまだ現在のように明確なものではありませんでしたが、しかし明らかに、心調和された人々が還ったその世界と違った世界ができてき始めました。

そして、「これは大変なことである」と、私をはじめ多くの者たちは気づき始めました。そして、この地上を去った実在の世界において、彼らにその間違いを正すべく指導を開始し始めました。

けれども、地上で千年近い生命を持って、そのときに〝頭のなかに焼きついた〟ところの考えの間違いは、そう簡単に修正することができませんでした。長い年月をかけて彼らを説得し続けましたが、次第しだいにその不調和な領域というものが増えてまいりました。これは、本来予定された、そうした霊域ではありませんでした。大変なことであります。

地上に下りた天使の転落、そして世界を二分する壮絶な戦い

そこで、私たちは、「これを何とかせねばならん」と考えました。まず、いちばんの問題は、この地上において、そうした権力欲に燃え、物質欲に燃えた人々が数多く出てきたということで、「彼らを、心を惑わさない方向に、本来の世界に戻す方向にこそ(するべきで)、その必要性があるのだ。まずこの地上を変えねばならん」と考えました。

そこで、当時まだ七大天使の一人として名を連ねていたところの「ルシフェル」という天使を地上に出したのです。このときは、彼は知恵のある天使でありました。この大天使の一人を地上に出して、地上の立て直しにかかったわけであります。

ところが、彼もこの地球という磁場での魂経験が不十分なところもありましたし、それ以上に、この地上であまりにも大きい権力というものを持ってしまいました。頭がよく、力があったために、何事もすべて実現していきました。人を思いのとおり動かせるようになっていきました。そして、本来の世界の価値基準を打ち立てるという理想が、やがて心のなかから消えかかっていきました。

しかし、彼もまだ霊能力を持っていましたから、実在界における他の指導霊たちから、矢のような催促が下っていきました。

「おまえは本来の使命を忘れておるぞ。そんなことがおまえの使命ではなかったはずだ。おまえは私たちの指導に従って、自らの心をつくり直し、この地上をもう一度エデンにする使命があったではないか。それを忘れてはならん」

こういうことで次々と指示を送りましたが、彼は次第に耳を貸さなくなりました。それは、みなさまがたでもそういう似たような例はご経験があるでしょう。本来、「上下」がついていたものであっても、下にいた人があまりに実力を持ちすぎると、その実力を誤解し、自分の力だと思い始め、そして上の者の意見に従わなくなる。これはよくある話であります。人間の持っているところのいちばん恐ろしい部分であると言ってもよいでしょう。

そして、このルシフェルという天使は、自分自らが神になり代わりたいと思うようになりました。そして彼は考えました。

「私はこれほど力を持って、これほどの——彼にとってみれば——善政を敷き、そしてよい仕事をしているつもりであるのに、天上界の諸霊は次々と自分を批判してくる。これは、自分があまりにも成功したために、光の天使たちが自分を嫉妬しているのだ。このまま自分の成功が続いて実在界に還ったならば、自分のほうがむしろ神になってしまうために、彼らより上になってしまうために、それが悔しくて私を混乱させようとしているに違いない」

こういうふうに考え始めました。ここに大きな驕(おご)りが生まれてきました。本来、平凡(へいぼん)な人間であれば生まれない驕りであるのに、非凡であるがゆえに、才能がありすぎるがゆえに、あまりにも多くの成功を体験すると、ここに、心に曇(くも)りがつくられ、そして転落への序曲が始まっていくわけです。

私たちは、天上界にて、「このままでは大変なことになる」と考えました。そして、七大天使の長(ちょう)であるところのミカエルという者を地上に出しました。その当時です。今から一億数千万年前になります。当時、ミカエルという者を地上に出しました。そして、何とか、肉体を持った姿でもって、このルシフェルを説得し、そして彼を立ち返らせるという、そういう仕事を与えました。

しかし、〝先発隊〟として出たところのこのルシフェルも強大な力を持っておりました。地上において、そのミカエルが生まれ変わった人と壮絶(そうぜつ)な戦いを繰(く)り返すことになりました。これは、現在で言うならば、一種の巨大(きょだい)教団同士の宗教戦争に当たるでしょうし、この宗教戦争だけに当たるのではなくて、もっと大きな、政治、軍事、経済、すべてを握って、世界を二分するような大きな争いとなりました。

これが起きたのが、現在紛争の絶えない中東地域です。あの砂漠地帯を中心として二大勢力が対決するようになりました。そして、その二大勢力が長年にわたって戦い続けた結果、勝利はミカエルの手に帰しました。ルシフェルは敗れ、地上の生命も失いました。

地獄界はいかに始まり、どのように増大していったのか

しかし、これからあと、大変なことが始まったわけであります。彼が地上を去っても、実在界において還るべきところがありません。彼には還るべきところがありません。元いたところの七大天使の座に戻れるはずもありません。

そこで、当時まだ混沌としていたところの「低位霊界」「低級霊界」のところに戻りました。そして、戻ってしたことは何であるか。そこにいた霊人たちは、もち

ろん心は清くありませんし、迷ってもおりましたけれども、まだ意図的に天上界と対立するような意識は持っておりませんでした。「なぜ自分たちはこういう境涯にいるのかは分からないが、しかし自分たちの理想のために生きて、理想のままに生きて、こういう状態に現在なっているのだ」ということを彼らは気づいておりました。

　そこに、このルシフェルというのが還ってまいりました。地上での名は「サタン」です。サタンという名で生まれた男であります。これが還ってまいりました。そして彼は非常に知恵もあり力もありましたから、「地獄界」というところをつくり始めたのです。その低位霊界において、非常に組織化を進め、一大勢力をつくり始めました。彼は、地上において天使と戦いて敗れたその戦を、地上を去った世界、霊界において「もう一度、神との戦いを挑もう」と、決意しました。

　そこで、その低位霊界に集まっていた人たちに、次々といろいろな思想を植え込んでいきました。彼らに教え込みました。

その第一のものは、「自由」というものを混乱させる考え方でありました。「おまえたちは自由なのだ」という言葉をもって、彼は、本来の自由が「神の子としての自由」であることを偽って、「そうではない。おまえたち個人個人の自由なのだ。その個人の自由は、神の自由をも凌駕するものなのだ。おまえたちは独立した存在なのだ。好きなようにやって、自分のやりたいようにやって、そして生き抜いてこそ、初めて幸福になれるのだ」ということを懇々懇々と植えつけました。

　このなかに一片の真理があることは事実です。現代でもそうです。「各人が個性を伸ばす」という意味での自由は大切な面がありますが、この個性を伸ばすところの自由というものは、本来の一つの目的に向かってのみ許されるものです。「自由」には「責任」というものがついて回ります。その責任は、「神の子としての責任」であります。神の目的を実現するという意味での自由はあれども、その神の目的を妨害し破壊するという名での自由は許されないことになっているのです。自由には責任が伴うことになっています。

しかし、このサタンという名の男は、「責任」のところを取り除きました。「自由を妨害するものはすべて悪である」と。「あなたがたは自由にしなさい。神の悪口であろうとも、光の天使の悪口であろうとも、自由に言ってよいのだ。おまえたちは神にならねばならんのだ」と教え続けました。そしてさまざまな者がその思想に染まってまいりました。

そして、彼らは、その地獄世界を増大するために、「もっともっと仲間が欲しい」と欲するようになりました。その結果、やったことが何であるか。地上に生きていて、そして物質欲や名誉欲、権力欲等に燃えている人間、これを迷わすということを考えつき始めました。

彼らの心に取り入るのは簡単でありました。心というものは、昔も今も一緒で、「波長同通の原則」というのがあって、自分の波長に合った世界に通じていきます。彼らが狙うのにこれほど簡単な獲物はありません。地上において権力欲や名誉欲、所有欲、こんなものに燃えている人間、これに取り入るのに造作はありません。

そうした人間に取り入り、そして彼らをそそのかし、惑わせ、彼らの手下たちをまた惑わせる。こうして、間違った思想を持っている人間を数多く地上においてつくっていくようになりました。いわゆる「憑依」という現象です。

こういう憑依現象を通して、地上の指導者を狂わせ、そしてその指導者の下にいる多くの人々を狂わせる。その結果、彼らが地上を去ったときにどうなるか。そうです。大量に地獄の人数が増えることは想像に難くありません。こういうことが起きてきました。大変な事態であります。

地上の混乱に対する天上界の対策

そこで、天上界においては、さらに会議が持たれました。そして、この現状、混乱に対してどうしたらいいか、ある者は意見を言いました。

「地上界に人間が染まってしまう理由は、人間の寿命が長すぎるからではないのか」。一千年もの寿命――。人によっては、もっとそれ以上生きている人もいました。

二千年、三千年生きる人もいました。

「これだけの寿命があったら、いかに優れた魂であるといっても、『この地上こそが自分の本拠である』と思うようになっても当然ではないか。それを彼らだけの責任とするのは間違いであって、われらのほうの考え方に至らぬところがあるのではないか。すなわち、人間の地上生命を縮めたほうがよいのではないか」という案が出されました。

そしてまた、その案に従う考えが次々と出されて、結局、人間の寿命は縮められました。大幅に縮められて、長く生きても百歳そこそこで地上を去るようになりました。「約十分の一」に縮められたのです。

この「十分の一」に縮めることによって、〝地上の波動〟に染まることは短くなって、そして本来の使命だけを果たし、魂学習だけをして実在界に還ってくる。そして実在界にいる時間が非常に長い。地上にいる時間の何倍もの時間を実在界にいて、地上の魂学習はその一部とする。こうすれば、霊的存在であるところの人間、その本来の誇りは護ることができるであろうと考えて、そういうふうにやりましたが、しかし残念ながら、この策をもってしても問題はありました。

地上生活の時間が非常に短くなり、これはある意味において地上の生命が「十分の一以下」になったわけでありますが、地上から人間が去ることが多くなったために、「生まれ変わりの速度」が速くなってまいりました。「生まれ変わりの周期」が早くなってきました。次々と生まれ変わって地上に出ていかなければ、地上の人口を増やし、またその活動を続けていくことができなくなってきました。そこで、数多くの生まれ変わりが地上に起きるようになってまいりました。

そうしたところが、数多くの生まれ変わりが起きるときに、彼らがよい影響をその場で受けていれば、よくなって還ってくるでしょうけれども、もし地上というところが、悪い影響、すなわち悪い方向に人々を染め上げる場となってきたらどうなるか。数多くの人が生まれ変わって、それだけ悪く染め上げられていくことになってきますから、これは、かえって地獄界というものを急速度で増大させることになってまいりました。

この事態を見て、さらに方法を考えました。一つには、当時そのころまで、人間は霊的存在であって、霊たちの言葉を聞くことができるような、そういう状態でありましたけれども、これではいけないということで、いわゆる「霊道」を開くことを禁止しました。一般（いっぱん）の人は霊的現象を実体験できなくしました。これが一つです。これが、みなさんの多くが実体験できない理由の一つです。「心の窓」が開（ひら）いていくと、そうした地獄界の者の〝ちょっかい〟を直接受けるようになって、次々と精神異常に陥（おちい）るような人が出てきたために、これを開かせないということを原則といたしました。

さらに、短くは数百年の間に数々の菩薩（ぼさつ）を出し、そして長くは二千年、三千年の周期で偉大なる如来（にょらい）を地上に降ろし、救世主を地上に遣（つか）わして新たな教えを説かせて、多くの人々を教化（きょうか）し、そして、この悪に染まった人々のこの心を黄金色に変えていくという仕事が始まってまいりました。

これが「天国」と「地獄」の始まりであり、ここ一億数千万年続いている事件であります。

3　神の理想を否定する「悪の勢力」との戦い

しかし、この二分化された戦いは今もなお続いています。そして、それは大きな目で見ますと、「悪の勢力」が地上からかなり一掃(いっそう)されて、光が強くなった時期もあれば、その文明の時期、その大陸によって、人々によっては、非常に悪に傾(かたむ)いた、心間違(まちが)った人々が数多く生きるようになったときもあります。

「ムー帝国(ていこく)」という帝国が太平洋にあり、一万五、六千年前に沈没(ちんぼつ)いたしましたが、この末期もそうでありましたし、またアトランティスという大陸が大西洋上にあり、これも一万年余り前に没(ぼっ)しましたが、この末期にも科学文明によって心を狂(くる)わせた人々が数多く出るという、そういう事実があったのです。

そうしたときに、最終手段として光の天使たちが取った手段が、「その文明そのものを地上から消し去る」という方法でありました。これは最後の〝荒療治〟で、決してそこまで行かないことを望んでいるわけでありますが、そのままその文明を残しておくと、地上に出る人、出る人、出る人すべてが地獄の波動に染まり始めるのであったら、その文明そのものを消してしまうという〝荒療治〟も、そのような大きな周期のなかにおいては行われてまいりました。

翻って、現代の文明を見たらどうでしょうか。一五〇〇年ごろまでは「中世」といわれ、そのころはヨーロッパにおいても、あるいは東洋においても宗教心の優れた人々がおりましたが、そのころから、この地上の進化をさらに加速するために、科学系の霊団、銀色光線ともいいますけれども、こうしたところの霊団の光を強くして、地上の進化速度を速めるということをやり始めました。

しかし、その結果、この地上がさまざまな科学文明の恩恵を受けるようになって、人々が次第に心というものをなおざりにして、そして物、道具、車だの、飛行機だの、こんなものに（心が）奪われていく傾向が出てきました。

この科学文明をつくるために出したところのいちばんのその柱は、ニュートンという方でありましたけれども、このニュートンが科学的、物理的な思想を世に出すときに当たって、神に対してどれほどの尊敬と敬意を述べながら思想を語ったか。彼はこうした危険性をいち早く見抜いて、「やはり科学的な思考のなかにも真理への理解がなければならん」ということを深く自覚していた一人でありましたけれども、残念ながら、思想というものは〝独り歩き〟をし始めます。

自分たちの都合のいいところだけを採用し、そうでないものを採用しないことになる。ニュートンの持っていたところの「神への思い」「信仰心」というものは取り去って、それ以外の「利便性のみ」を追求する、「効率のみ」を追求する科学文明がどんどんどんどん発展してまいりました。確かに経済的には豊かになりました。時間もずいぶん短縮できるようになりましたが、その代償として失ったものは大きかったと言ってよいでしょう。

昔の物語に、「悪魔に影を売った男」の話がありました。影を売るぐらい何でもないと思っていたところが、影を売ってしまって、どのような光が当たっても自分には影ができないということが、その人自身を追い詰めていくという物語がありました。それと同じなのです。影なんかあってもなくても、みなさんの命に別状はないと思うでしょう。影を売って、そして大量の金銭をもらえたり、自分の願いが叶うなら、こんないいことはないと思うでしょう。しかし、その〝代償〟がいかに高かったかは、その影を失ってから分かるのです。

それと同じように、私たちはこの「便利性」というものを追求して、そして物質的な豊かさ、供給の豊かさ、繁栄を味わったが、この裏にある反面、そう、〝影の部分〟を失い、神への信仰を失ったがために、また大いなる代償を払わされようとしております。そうです。この近代以降、人口は増え続けておりますが、この増え続ける人口が数多く「悪の世界」のなかに傾いてきているということなのです。

「悪の世界」とは何か。

簡単に言いましょう。
人間として思ってはならぬ思いを心に描(えが)いている人々のことを言うのです。
それは、みなさまの外にいる人々ではありません。
その「悪の勢力」とは、
みなさまがたの心のなかにも現に棲(す)んでいるのです。

みなさまがたの心のなかを問うたときに、どうでしょう。

己(おのれ)だけの利益を、幸福を願って、人々を害する思いというものはありませんか。

もっとはっきり言いましょう。

みなさまがたは愚痴(ぐち)が出ませんか。

嫉妬心(しっとしん)は出ませんか。

怒(いか)りは出ませんか。

妬(ねた)みはいかがでしょうか。

不平や不満はいかがでしょうか。
あるいは、もっと押し進めるならば、
信仰深く生きている人々を、
他の人々を善導しようと、よい方向に導こうとしている人たちを、
邪魔したりするようなことはしていないでしょうか。
他の人々の信仰を失わしめるようなことをしてはいないでしょうか。
神そのものをこの地上から抹殺して、
そして得々としているような人間になってはいないでしょうか。
すなわち、悪とは何でしょう。
私たちがもう選ぶことさえできない昔につくられたところの、
この神の秩序、
「それを採用する、しない」というのは、
人間心では量れないことなのです。

私たちが生まれる以前からあった、神の理想なのです。考え方なのです。
この考え方の下に、私たちは人間として生まれてきたのです。
その子供として生まれてきたところの私たちが、
本来のその神の考え、理想というものを否定する方向に動いたときに、
これが悪となるのです。

4　光の言葉を宣べ伝える人々よ、数多く出でよ

真理が説かれるときに、伝道が必要であることの根本の理由

しかし、それが悪であることを知らない人があまりにも多すぎることよ。分からないのです。

今、地上に生まれて、両親の教育を受けて、学校で教育を受けて、社会に出て働いただけでは、「何が善で、何が悪であるか」ということが、それすら分からないのです。だって教えてくれるところもありません。

ここで、新たな思想が、教えが必要となってくるわけなのです。まず「知る」ということがどれほど大事であるか、それを分からなくてはなりません。

先ほど言いましたように、近現代においては、もちろん戦争とかその他の悲惨な

行為も数多くあったことも原因の一つではありますが、人の心が荒廃することによって、また数多くの人が地獄界というところに堕ちていっているのです。地上に五十二億人も同時代に生きていますから（説法当時）、もしこのなかの「半分の人」が地獄に行ったらどうなりますか。二十六億人です。全世界の人口が十億人のときには、それでも五億人でしょう。三億人なら一億五千万人でしょう。でも、五十二億人いたら二十六億人です。数が大きいほど、大変なことであるのです。

そして、その地獄世界に行った人々はどうであるか。本来の人間であるならば、神の子であるならば、とうてい考えることが許されぬような思いでもって生きているのです。私は数多くそういう経験をしてまいりました。みなさまがこの地上で見たら「別に普通に生きてきた人じゃないか」と思うような人が、苦しんでいるのです。本当に魂の底から苦しんでいるのです。真っ暗なところへ行っています。

地獄に堕ちたことを知っている人も数多くいます。でも、なぜなのか、それを知らないのです。そして自分はどうしたらいいのか、それが分からないのです。何が違っていたのか分からないのです。分からないままに自分の考えと行動とを過去数十年続けてきたから、「その考え方を改めさせる、行動を改めさせる」ということで、その人自身が〝否定〟されるような気持ちになるのです。「これが私なんだ。この私自身を否定されてしまったら、私の存在はどうなるのだ？　それは納得がいかない」と彼らは言います。そう、もっと早く気づくべきであったのです。もっと早いうちに、もっと早いうちに気づいて、修正をすべきであったのです。人生の修正が必要であったのです。それが後の祭りになっているのです。

　そして、悲しいことに、自分一人が暗い、寒いところで苦しんでいるだけならよいけれども、理由が分からないから、どうしたら救われるかが分からないから、彼らは地上に出てくるのです、憑依霊となって。たいていの場合は、肉親や知り合いのところに来ることがありますが、それ以外にも、自分が憎んでいる相手のところに来ることもあります。あるいはその場所、家だとか土地だとか、そうしたところに関係して、いろいろな人に何らかの縁を介在として憑依してきます。

「憑依」というのは、その人に〝乗り移る〟ことをいいますが、これには必ず縁が必要です。縁がなければ憑依はできません。その縁には幾つかありますが、憑依するものとされるものの心が同通しているか、あるいは激しく、その人に対して恨みや憎しみを持っているか、あるいは深いかかわりがあったか、こういう場合です。こういうときに来ます。関係のない人にはなかなか来ません。そして、さらに自分の仲間を知らず知らずのうちにつくっていきます。

もうこんなことは許されないのです。彼らの罪はますます深くなっていくのです。これを断ち切る方法は何でしょうか。

それは、生きている人間に対して、真理を、神の理を、真実の教えを弘める以外にないのです。まず知っていただかなければ、どうにもなりません。そして、この地上からその仕事は始めなければならないのです。

あの世の実在界においても、光の天使たちが数多く救済で地獄に向かっていきますが、その労力は大変なものなのです。なぜならば、この世界、心の世界はすべて

「原因・結果の法則」のなかにあり、彼らが今そのような結果になっているということは、その原因を彼ら自身がつくったということが事実としてあるのです。この事実があるがゆえに、本人がその原因行為を修正しようと思わないかぎり、救い出すことができないのです。

なぜならば、そのような苦しみや悲しみの世界にいることが当然であるというその考え方を、自分自身が持ち続けているから、そこから出せないのです。それを捨てないかぎり、その考え方を捨てて思想を入れ替えないかぎり、天国に還れないのです。みなさん、それはお分かりでしょう。それは、一人ひとりが「自己責任の原則」のなかに生きているからなのです。

それゆえに、生きている人々を救うことが大事であるのです。生きている人々を救うことが、〝二重の意味〟で大事であるのです。一番目は、「その人自身、その人たち自身が救われ、幸福になる」という意味において。二番目には、「この地獄界というものをなくしていく」という意味において。単に（地獄へ行く人の）供給を断つというだけではありません。地上の人々が、心が調和されたときに、（地獄にいる霊は）地獄界から出てきて人々を狂わすことができなくなります。そして、地獄界というのは、非常に地上界に近いところにあります。非常に相互に影響し合っているところであるのです。ゆえに、地上に光が満ちてきたときに、地獄の闇は次第しだいに追い払われるようになってくるのであります。

これが、真理が説かれるときに、そこに「伝道」という行為が必要であることの根本の理由であるのです。だからこそ、数多くの光の戦士たちが必要であるのです。この光を、光の言葉を、光の思想を宣べ伝える人々が、数多く出てくることが必要であるのです。

日本中、一家残らず「真理の光」を灯せ

そして、この仕事には終わるときがありません。

会員のみなさんのなかには、各支部で伝道何人ということで、あるいは目標が何

千人、何万人ということで、「こんな大変なことをなんでやらなければならないのか」と言っておられる方もいるでしょう。不平不満が溜まってきた方もいらっしゃるでしょう。

私はしかし言いましょう。確かにおっしゃるとおり、そうした会員の目標五千人だとか一万人だとか、五十万人だとか百万人だとかいう、こんな数字に意味がないとおっしゃるならば、意味がないのです。本当にそのとおりです。意味がないのです。

なぜならば、われわれの伝道は、全員、この日本人全員を対象としているからです。「最後には意味がない」のは当然のことなのです。そんなことは意味がないのです。

「全員ですから。目標は全員だから。全員に知ってほしいから。知らなければならないから」――生きているうちに、目が見え耳が聞こえるうちに、知っていただかねばならぬから、その数字は意味がない。そういう逆説的な言い方もあるでしょう。

しかし、現実には有限の数の人間がいるわけですから、活動というものに目標を持ってやっているということは、往々に正しいことでもあるわけであります。

違った話をいたしましょう。

幸福の科学の会員が今増えておりますし、増やしておりますが、これは言ってみれば、みなさん、ちょっと前に「白熱電灯」というのがあったでしょう。「電球」があったでしょう。あれが、夕方になったら家のなかにポッと光を灯すでしょう。それが初めて灯ったところに、その家のなかの人はどう思いましたでしょう。外を道歩く人はそれを見てどう思ったでしょう。その光の灯っている姿を見て、素晴らしいと思ったでしょう。そして、まだ当時ランプやロウソクで生活していた人もいるでしょうが、自らこうした白熱電球を、電灯を灯すことができた人はどう思うでしょうか。「いや、こんなものは、自分たちのところだけ照らしておればよいのだ。ほかの人はどうでもよいのだ」と思うでしょうか。そんなことないでしょう。

自分たちの家だけがそんな明るい光のなかに満ちていたときに、「申し訳ない」とやはり思うでしょう。「近くのみなさまにも、山のほうの地域に住んでいる人たちにも、この電灯の光を与えてあげたい」と思うでしょう。「一家に一つ、この光を与えたい」と思うでしょう。これが真理の光と同じことであるのです。

私が言っていることは、「一家一家に真理の光を灯しましょう。この〝真理の電球〟を、〝電灯〟を灯しましょう」と言っているのであり、これは当然のことであるのです。

今、（電気による光は）日本中に広がっているでしょう。いや、電球というのだけではありません。蛍光灯としても広がっているでしょう。一家残らず全部広がっているでしょう。それが電気、電力の世界です。真理の世界では、まだそこまで行っていない、これが情けないのです。

また話を変えれば、みなさんがた、ご家庭で新聞を取っていない方はいらっしゃらないでしょう。その新聞の名は問いませんが、日本国中、新聞を取っているでしょう。月に二千何百円、三千何百円払って、少なくとも一紙は取っているでしょう。しかし、その新聞に書いてあるところの活字は、本当にみなさんに必要なものでありましょうか。私はそれを問う。テレビのニュースをちょっと観れば済むぐらいの内容でしょう。内容はほとんど読んでないでしょう。見出しを見るかどうかぐらいで終わりでしょう。そのために、どの家も取っているのです。

しかし、そうしたニュースは〝過ぎゆくもの〟なのです。みなさまがたを本当に幸福にも不幸にもしないような事柄であるのです。そんなもののために、日本全国、新聞を取って、それが〝常識〟であるとされています。それは〝常識づくり〟をした人たちが上手であったと言えば、それまででしょう。

けれども、今、必要なのは、人々を幸福にすることであります。

そうであるならば、みなさんご存じの幸福の科学の月刊誌、このようなものは各家庭に届いて当たり前だと私は思うのです。一家残らず届いて当たり前だと思うのです。そうでなければならないと思うのです。新聞を取るのをやめてでも、取っていただきたいのです。本当の意味で幸福になるために、自分の心を磨き、光に満ちるために、地獄に行かず、地獄にいる人たちを救うために、そしてすべてをユートピアに変えていくために、必要であると私は思うのです。

今年、この七月七日の誕生日を迎えたあとに、第一の「勝利の宣言」をさせていただきました。来年は百万人という目標を立てておりますが、どうかみなさん、来年の七月七日の私の三十五回目の誕生日には、七十七万七千七百七十七人ぐらいの会員を私の目に見せてください。「7」という「勝利の数字」を、「完成の数字」を、どうか見せてください。来年もまた「勝利の宣言」をしたいと思います。

どうもありがとうございました。

第2章

永遠の今を生きる

一九九〇年七月二十九日　説法(せっぽう)
愛知県・愛知県体育館にて

1 「時間」をどう捉(とら)えるか

時間とは「時計の針」で計るものだけなのか

私も今年は全国を回っておりますが、いろいろなところに「もっともっと真理の話を聴(き)きたい」とおっしゃる方が数多くいらっしゃいます。その機会があまり多くつくれないことを、とても残念に思っています。どうか、この一日を大切にしましょう。私も大切にしたいし、みなさんも大切に使っていただければ幸いであります。

さて、本日は、「永遠の今を生きる」という演題を掲(かか)げてみました。今日、みなさまにお話ししたいことは「時間論」であります。これをお話ししたいと考えております。昨年は、主として、「政治論」、政治の話をいたしました（「成功理論の新展開」。『大川隆法　初期重要講演集　ベストセレクション②』第1章参照）。今年は、この時間論をお話ししたいと、こういうふうに考えている次第(しだい)であります。

さて、さっそく本題に入りますが、みなさんは、時間というものをいったいどのようにお考えでしょうか。時間というものを時計に関連づけてお考えの方が大多数なのではないかというふうに思います。

かく言う私自身も、長らくそのように考えてきた人間の一人であります。しかし、この仕事をするようになってから、時間というものは、どうも時計の針で計るものだけではなさそうだということを感ずるようになってまいりました。

早い話が、私たちが「時間」と考えているものは――、もちろん学校で教わり、社会に出てからも、時計を中心の生活をしておりますから、そういうことで、知らず知らずのうちに「時間とはこういうものだ」と考えているわけなのですけれども、まず、「動物には時間がない」ということが発見されています。動物たちは時間の

『大川隆法　初期重要講演集　ベストセレクション②』(幸福の科学出版刊)

感覚を持っておりません。

また同じく、人間であっても、ある特殊な地域に住んでおられる人々、インディアンとか、あるいは南方の地で住んでいる方のなかにも、私たちが感じているような時間感覚を持っていない方がどうも数多くいらっしゃるようなのです。彼らは、会話をするときに、私たちが使うような「過去・現在・未来」という時制を使わないそうなのです。そういう考え方がないそうなのです。いつも「現在」しかないらしいのです。

それで、将来のことをお話しするときには、もちろん時計もありませんし、カレンダーもありませんから、こういうふうに話をするようなのです。「お米の実るころにこういうことをする」とか、あるいは、「猫が子供を産む時期」とか、「鳥が卵を産む時期」「大人になるとき」、こういうふうに自然の現象を取って、その時間を確定しようとするらしいのです。それがどうも、彼らの未来形であるらしいのです。あるいは、一日の時間というものがありませんから、「太陽が山の上に昇るとき」、あるいは、「太陽があの草原のほうに出るとき」「太陽がこちら側に回ってくるとき」、こういう言葉をつけて、そして、例えば「どこそこで会う」という話をするわけです。

考えとしては「現在」しかなく、大自然の現象のなかで、その時間を確定する。そういう言葉の〝文法〟を持って話している人が、現時点にも地球のあちこちにはいるらしいのです。それが彼らにとっての未来形です。

彼らにとっての過去形は、いったい何だろうか。それは、「誰それさんのお子さんが生まれたとき」とか、「近所のあの娘さんがお嫁に行ったとき」、こういうふうに、やはり、過去の出来事を中心としまして、そのときをもって過去の時間を確定しようとする会話法をいたします。そしてそれ以外は、あとは現在形でお話をするらしいのです。

そして、これがもし、私たちが教育というものを受けなければ、実に当たり前であることなのだろうと思います。「過去・現在・未来」というものは考えつかないで、そういう大自然の現象を一つのきっかけにして会話をする、そして現在形しかないというのが、ごく普通の事態ではないかなというふうに思います。

ところが、私たちは、時計の針に合わせたものの考え方をします。そしてまた、カレンダーというものを使います。あるいは、学年とか、入社の年次とか、こういうものを使って物事を考えるように訓練されております。そうして、いつの間にか、「時間というものは時計の針が決めてくれるものだ」というふうに考えるようになっていきます。

すなわち、時計の針が時間を決めてくれるものだから、「時間というものは誰に対しても同じように過ぎ去っていくものだ」というふうに考えがちであるわけです。「私の時計の針が一時間を刻むように、みなさんがたの時計の針も同じく一時間を刻む。だから、その一時間は同じ一時間だ」というふうに考えがちなのです。

しかし、これは、実は大きな誤りを含んでいるのです。時間というものは、人間の生まれつきの感覚をもってしては、実は感じ取ることが難しいものなのです。

時間というものは、あくまでも、その人自身の経験、あるいは、各種の感覚機能を総動員して計られるものなのです。すなわち、「その時間を、長く感じるか、短く感じるか」は、実はその人が思うとおりであるのです。同じ時間ではなくて、その人が感じ取る、あるいは考える、思う時間こそが、実はごく自然な時間であるのです。

まず、発想の前提において、このように、私たちが信じているところの「常識」というものを疑うところから始めていただきたいと思うのです。「時計の針を基準にして、誰もが同じ時間を持っている」というものの考え方を疑うことから始めてほしいのです。時間というものは、ある意味で、各人各人が主観的に己（おのれ）の心のなかで計っていくものかもしれないのです。こういう考え方を、まず持っていただきたいのです。

平等に与えられた時間を心のなかでどのように捉えるか

そうしてみると、不思議なことに気がつくようになってきます。

みなさまの一日は誰でも「二十四時間」というふうに決まっているわけですが、振り返ってみると、本当に毎日毎日がまったく同じような時間をそのなかに持っていたかどうか、不思議なことがよくあります。あっという間に過ぎてしまった、記憶にも残らないような一日もあれば、深く記憶に残るような一日もあります。

これはいったい何なのだろうか。時間というものは、それを心のなかで捉えるときに、違った意味合いを持つのではないだろうか。時間というものは、時計的に計られるだけではなくて、もっともっとそのなかに意味を含み、価値を含むものではないのだろうか。

時計の針の一時間は誰にとっても同じであり、特に価値を含んでいません。つまり、「それが値打ちがあるかないかということを特に含んでいない」ということです。ところが、各人が持っている時間は、その時間のなかに「値打ち感」が実はあるのです。

すなわち、時間というものを、そういう、一直線上に並べてちょうど物差しで測るような、何センチメートルというように物差しで測るようなものではなくて、「時間そのものが一つの値打ちを、価値を含んでいるものだ、そのような体積を持ったものである」というふうに考え始めると、世の中を見る目が大きく変わってくるのです。そして、実はこの考え方こそが、みなさまがたの人生を大きく変えていくものになってくるのであります。

しかし、その話の前提として、確かに時計を使って生きている私たちであるならば、各人が平等に二十四時間をもらっているということだけは、話の前提として認めておきたいと思います。

「人間は平等に生まれついている」といわれるが、実際、周りを見渡(みわた)してみても、姿形(すがたかたち)も違いますし、年収も地位も違いますし、男女の違いがありますし、いろいろな面でまったく同じではありません。唯一、同じものがあるとしたら、唯一、人間を平等にしているものがあるとしたら、「各人が毎日毎日、平等に二十四時間を与えられている」という事実がある。

すなわち、「時間の下に人間は平等である。時計で計ることのできる時間の下に平等である」という前提があります。あとは、この平等に与えられた時計的時間を、どのように私たちが心のなかで捉えるか、すなわち、「霊的なる時間、心的なる時間、心で捉える時間へと変えていくか」という問題にかかわってくるわけなのであります。

2　「価値を含む時間」をいかに増やしていくか

「時計的時間」における、時間の値打ちは一定なのか

さて、「誰もが同じく二十四時間を持っている」という話を、今いたしました。

これはそのとおりです。そして、この時計的なる時間は、みなさんにとっても、私にとっても、同じ二十四時間であるということも外見上は事実です。

そして、「時間は増やすことも減らすこともできない」といわれていることも、出発点においては事実です。誰も明日の時間を使うこともできないし、昨日の時間を使うこともできません。時間というものは、〝貯金〟をすることもできなければ、先取りすることもできない。こういうふうに考えるわけです。

お金というものは、過去から持ち越すことができますし、あとから入ってくるも

のを先取りして使うことも可能です。月末に入ってくるお金を、〝信用〟を使って先に使うことも可能だし、昨日までに貯めたお金を今日使うことも可能です。それなのに、「時間に関してはそういうことができない」というふうに普通は言われているわけなのです。

ところが、私は、考えてみますと、本当にそのとおりなのだろうかと疑うわけなのです。「時は金なり」「タイム・イズ・マネー」といいますが、本当に、「タイム・イズ・マネー」であるならば、お金と同じようなことが時間にだってあってもおかしくはないのではないだろうか。時計的時間は、そのように過去のものを持ってくることも、未来のことを先取りすることもできないけれども、その時間を「主観的なる時間」「値打ちを含み、価値を含む時間」というふうに考えたときに、実は違ったことが起こりうるのではないか。そういうふうに考えるわけなのです。

ここで、たとえ話をいたしましょう。

今日、ここには、五千数百人の方が見えています。仮にこれを六千人といたしましょう。六千人の方がいるとします。私は今、幸福の科学の主宰者（現・総裁）としてみなさんに、お話をしていますが、私がこういう立場ではなくて、普通の〝一平サラリーマン〟をやっているといたしましょう。その〝平サラリーマン〟をやっている私が、「永遠の今を生きる」ということについてのアイデアがひらめいたといたします。そして、その内容として一時間ぐらいの内容を思いついたとします。私は、この「永遠の今を生きる」という考え方を誰かに話したくなります。

しかし、サラリーマンである私の話を特に聴いてくれる人はいません。そこで、しかたなく誰か友人を誘います。友人を誘って、そして、その人に一時間、「永遠の今を生きる」ということについての私の考えを聴いていただきます。そうすると、その人は、私のその一時間を使った話を聴いて、いろいろなことを感じるでしょう。その内容について、彼は判定をするでしょう。

その場が、例えば喫茶店でお話をしているとすると、「コーヒー一杯分に相当する」と彼が思ったならば、その三百円分をたぶん出してくれるでしょう。そうすると、その私の一時間は三百円分の価値をそこで生じたことになります。あるいは、それをもっといい話だと感じたら、彼は私を食事に誘うかもしれません。そうすると、その私の一時間は、千円、あるいは二千円に相当する仕事をたぶんしたことになるでしょう。彼がその話を聴いてもっと感動したならば、「お酒でも飲んでいかないか」と言うかもしれない。それは一万円ぐらいの価値を生み出すことになるかもしれません。

そうしたことは、事情によって、相手によって違うかもしれませんけれども、例えば、一人の人に話をするとすると、私の一時間はたぶん千円相当ぐらいの価値しかないかもしれません。高く見積もって「一万円」としてもいいかもしれません。

ところが、その「永遠の今を生きる」というテーマに関する話を、今、六千人の方が聴いているわけです。

そこで、私は考えてみるわけです。

私の年齢で、そして、この仕事を始めていなければ、一人の人にしか話ができないでいる。そして、それは経済効果として一万円の価値しか含んでいないとする。ところが、今、ここに六千人の人が聴いてくれている。これはどういうことなのだろうか。

こう考えるわけです。

そうすると、私は一時間を使って「永遠の今を生きる」という話をするときに、これと同じ効果を出そうとすると、六千回やらなければいけないわけです。六千回、六千人の人と順番に話をしなければいけないわけです。

それが、講演会をすれば、本当の時計的時間における一時間において、六千人の人が今、同時に聴いてくれています。

これはどういうことなのだろうか。よくよく考えてみますと、これは、私の一時間は、一時間であっても、どうも違うということが分かるわけです。こうした演壇(えんだん)で一時間、「永遠の今を生きる」という話をしているこの私の一時間は、少なくとも、サラリーマンをしているときの私の「六千時間」に相当するはずなのです。そういうことになります。計算上、そうなります。「六千時間」に相当する。

私の仕事における時間の増やし方

そうすると、これはどういうことか。時間を金貨にたとえた人がいらっしゃいますけれども、「一日二十四枚の金貨を各人は毎朝持っている」といわれています。「この金貨の一枚が、普通のままだったら、一日たっても一枚のままだけれども、この一枚が、あるとき気がついてみると六千枚に増えていた」ということになるわけです。

これは、まことに不思議です。例えば、「一万円の金貨が、その日使うと、六千枚になった」としたら、みなさんはどうするでしょう。それはまことに不思議だから、それをそのままにしておくことはできません。自分も考えてみたいと思うでしょう。

例えば、私が私設の〝大川銀行〟というものを開いて、「みなさん、私のところに、みなさんの金貨を一枚預けると、一時間で六千枚に変わりますよ」と言ったら、みなさんは殺到されるでしょう。「一万円を私に預けたら、六千万円になりますよ」と言ったら、殺到すると思います。そうでしょう。たぶん、そうなるはずです。まことに不思議なことです。「同じ一時間の値打ちは、どうも一時間ではないらしい」ということなのです。

今、「六千人に聴かせると時間が六千倍になる」という話をしましたが、そこでまた、例えば、この私の「永遠の今を生きる」という講演を聴きたい人は、ここには六千人いますけれども、実際はもっと、聴きたい人がいっぱいいるわけなのです。少なくとも、現時点（一九九〇年七月）であれば六万人ぐらいの方は聴きたいだろうと、私は思っています。全国のいろいろなところに幸福の科学の会員がいますが、彼らは聴くことができないでいます。六万人の方がそれを聴きたいと思うが、実際は六千人しか聴けない。

では、どうするか。私は、六万人の人にこの「永遠の今を生きる」という話をするためには、十回も同じ話をしなければならなくなります。各地方を回って、十回もしなければならなくなります。

そのために費やす時間はどうでしょう。ここでは一時間ですが、全部合わせると十時間になります。ところが、その十時間は本当の十時間かと言ったならば、そうではない。ここで講演会をするために、少なくとも昨日からここへ来ています。名古屋に来て、朝からの時間があり、帰りの時間がある。少なくとも二日かかっています。来て帰るまでに二日かかっています。これが、一時間を生み出すために必要な基礎時間です。二日かかっています。十回やりますと、これは二十日に相当するわけです。二十日間かかるわけなのです。

ところが、私の講演会は、本会場のほかに、全国の会場に衛星中継されています。そして、全国の人々が同時に聴くことができるのです（二〇二一年現在、全世界三千五百カ所で中継）。

また、この講演を、今、ビデオで収録しています。そして、これはＣＤになります。ＣＤになりまして、一カ月後、ＣＤとして頒布をされます。そうすると、今日来た方々以外の方は、このＣＤを通して私の話を聴くことができることになります。姿は見ることができなくても、少なくとも話は聴くことができます。

そしてさらに、この私の話は、しばらくしますと小冊子になって出てまいります。そうすると、ＣＤでは聴くことができない人でも、小冊子として読むことができます。あるいは後ほど書籍のかたちで読むことができます。

そうすると、私は本来、その六万人の人にこの話を聴いてもらうために十倍の時間が必要であった。少なくとも、二十日必要であったところが、これに二日以上かからなくなるわけです。その二十日の時間が〝二日〟で収まることになる。

あとの十八日はどうなったか。私は、この十八日間、時間を実は〝稼いだ〟ことになるわけなのです。お金であればそういうことになります。時間をお金というふうに考えると、十八日分の〝貯金〟ができたことになります。そういうふうになるわけです。ですから、それで十倍生かすことができた。

まず最初に一時間が六千倍になった。六千倍がさらに十倍になった。六万倍になった。私の一時間が六万時間に伸びたということになるのです。

お分かりでしょうか。

お金と同じように、時間というものも実は〝儲けることができる〟わけなのです。少なくとも、今の計算でいきますと、二日が二十日になるところを、十八日減らすことができたということは、「私の一年の間に自由な時間がそれだけ増えた」ということになります。その間にほかのことをすることができるということです。私は時間を増やしているわけです。こういうことがお分かりであろうと思います。

時間を生み出す「発明」と「投資」について

では、どうしたら、その一時間が六千時間になり六万時間になるのだろうか。これを考えてみたいと思います。

サラリーマンであれば一人の人にしか聴いていただけなかったものが、なぜ、今、六千人の人に聴いていただけるか。すると、この時間が六千倍になるためには、実は二つの発明がそこにあるということに気がつきます。

一つは何であるか。これは、少なくとも、「自分の思想というものを世に発表しよう」という気持ちを私が持って、思想を世に発表しているということです。すなわち、本を出していますけれども、「思想を世に出す人」という事実を、現実に実現しているという事実があります。

しかし、物書き、すなわち作家であるならば、作家としての私がここに来て講演会をするだけならば、おそらく、集まる方は千人以内だと私は思います。少なくとも、大きく見て千人が限度だと思います。普通は三百人、五百人、六百人、この程度だと思います。

では、「最大限、千人しか来ない」と思われるものが、なぜ六千人いるのか。これは、二番目の発明がここに入っているからです。この二番目の発明とはいったい何だろうか。それは、「幸福の科学という団体を創設した」ということです。この組織をつくった。組織をつくったから、私の、本を出しているという作家の力では千人しか来られないところが、組織があるがゆえに、それが六千人に増えたわけです。

そうすると、「思想を発表する」ということと、「組織を発明する」ということの、この二つをしたことによって、一時間が六千倍になったわけです。

この六千倍になった一時間が、ＣＤにし、小冊子にし、衛星中継するということによって、さらに十倍になる。そして、それが来年以降の時間になりますと、もっともっと伸びていくわけです。何度も何度も、そういうことが可能になってきますから、そうしたら、もう何十倍にもなってくるわけです。一時間というものが無限に広がってくる。

その前には、そういう発明があった。考えが、アイデアがあった。そのアイデアを、例えば「思想を出して世に立とう」と思う、そういうアイデアを実現するためには、いったい何が必要であったか。

まず、勉強が必要であったことは当然です。思想をもって世に問うためには、基礎的な勉強が必要であったことは間違いがありません。これが、普通の人と同じ勉強をしていたら、世に思想を問うことは不可能です。普通の人以上に勉強をしなければならないことは当然のことです。しかし、それは無限大に近い勉強でないこともまた当然です。

例えば、書物を続々と世に問うために必要な勉強時間が一万時間であったとしましょう。この一万時間を投下したら、すなわち、これは工場で「新しい機械」を入れるのと一緒（いっしょ）です。〝設備投資〟です。設備投資として一万時間の時間を投資すると、それ以後、その機械が完成すると一時間が六千倍になってくる。

となると、みなさんどうでしょうか。おそらく、慌（あわ）てて「われも、われも」と、その機械をつくろうとするでしょう。その設備投資をするでしょう。「一万時間を投下すれば一時間が六千時間になる。あるいは六万時間になる。それなら、十分、元が取れる」と思います。それで、一万時間を投下するでしょう。すなわち、それだけの時間投資が、さらなる時間を生み出しているわけであるのです。

さらに、幸福の科学という組織をつくるということについても、この組織の部分はいったいどこからできてくるのだろうか。これは、もちろんアイデアもありますけれども、アイデアだけではおそらくないでしょう。

ここで学んだのは何であるか。例えば、私は会社勤めをしていましたけれども、この会社時代の経験というものもあるでしょう。しかし、これも有限の経験です。この有限の時間の時間投資があった。この有限の経験のなかに、こうした経営をしていくためのヒントを見いだす努力をした。それは、やはり有限の時間です。こうした努力をしたところが、そういう「組織の発明」になり、運営ができることになった。そして、(組織が)確定するわけです。

今、全国各地を回っていますけれども、だいたいこのくらいの人数は、どこへ行っても集まります。名古屋でも集まります。九州でも、中国でも、北海道でも、東北でも集まります。

なぜ集まるか。それは「自分の時間を伸ばそう」と私が考えているからなのです。「自分の一時間を、これを六千倍に、一万倍に、十万倍に増やしたい」と考えているから、そうなるのです。そういう思いがまずあるからです。

すなわち、「時間は増やすことができる」ということです。これを、まず知らなくてはなりません。これが発想なのです。

時間が生む価値は同じだと錯覚していたマルクス

これが分からなかったのが、今から百年余り前にいたマルクスという経済学者です。『資本論』というものを書きました。

マルクスは、「価値というのは何によって生産されるか。それは労働時間だ」というふうに考えたわけです。「一日八時間の労働時間は、誰にとっても同じぐらいの価値を創造する」というふうに彼は考えたわけです。要するに、「労働時間が価値を創造して、それはいちおう一定だ」というふうに考えたのです。

ところが、「一部の金持ちがいて、自分は働きもしないくせにお金が儲かる」というわけです。「富裕な階級、ブルジョアジーは、自分は汗水垂らして八時間働かないのに、裕福な価値を持っていく。お金を集めている。それはどういうことかというと、労働者が汗水垂らして八時間働いた時間を、そのブルジョアジーたち、お金持ちたちは盗んでいる」と彼は考えたわけです。「労働者は八時間働いたら八時間分だけの価値を生産するのに、それを働いていない人が実は所有しているということは、そのうちの一時間なり二時間、あるいは五時間を、上に立っている人が盗んでいる」と彼は考えたわけです。「だから、これは大変な搾取だ。搾取だから許されないことなんだ。だから、労働者たちは闘わなければならない。そういう、搾取する階級と闘わねばならん」という理論を彼は考えたわけです。

ここに彼の大きな錯覚がありました。彼が考えていた時間は、私が最初に言った「時計的時間」、すなわち、「誰にとっても一時間は一時間」というものの考え方をしており、一時間が生み出す価値は同じだという前提があった。

ところが、私が言っている時間は、実はそうではない。「時間そのもののなかに価値を含んでいるのだ。『価値を含んだ時間』というものがあって、これは〝伸び縮みする〟こともできれば、銀行に預金を預けたら利子が出るように、ちゃんと投資をすれば、あるいは運用すれば、その時間は無限に近く〝増えていく〟ものだ」という考え方があるわけなのです。

そこで、まず最初の話に返って、「時は金なり」と言いましたが、「考えてみると、時間とはそれ以上のものではないのか。『時は金なり』と言うが、お金以上のものではないか」ということに思い当たってくるのです。

というのは、時間があれば、私たちはいろいろな仕事ができます。仕事をした結果、もちろん、その対価を得ます。一年が三百六十五日という時計的時間は一緒だけれども、これを十年に、一年を十年にすることができる人がいたら、この人が十倍の経済的効果を出せるのは当たり前です。同じ仕事をしていても、例えば事務的な仕事をしていても、十年分の仕事を一年でできたら、十倍分の経済効果が出るのは当たり前のことです。

しかし、実際はそれ以上の効果が出ます。なぜなら、私たちのやっている仕事というのは、単純な繰り返しの事務的な仕事だけではないからです。「もっと高度な仕事」がそのなかに含まれているからです。高度な仕事をすると、それは、もっと大きな見返りとなって返ってきます。ちょうど、〝いい投資〟をすると、お金がものすごく倍増してくるように、〝いい時間投資〟をすると、それは、もっともっと増えてくるようになってくるわけです。

3 時間の密度を濃くするには

自分の時間を増やすことができる「パレートの法則」とは

これについて、もうちょっと考えてみましょう。

以前、月刊誌に書いたことがあります。去年（一九八九年）の九月号だったでしょうか。「時間を活かす」という話のなかで、「パレートの法則」という、イタリアの経済学者の話を出したことがあります（『仕事と愛』所収）。このパレートという経済学者が研究した結果によると、「すべてのものは『八十対二十』という比率で分割することが可能だ」というふうに、彼は考えました。

それはどういうことかというと、何か百の仕事をしよう

『仕事と愛』（幸福の科学出版刊）

とするとき、そのうちの二十の部分を押さえると、全体の八十パーセントをするのと同じ効果が現れてくる。そういうものの考え方です。あるいは、一つの会社で百人の人がいると、この百人の会社でやっている仕事のうちの八十パーセントまでは、そのうちの二十パーセントの人がやっている。

こういう法則を彼は見いだしました。いろいろなものを分割してみると、みんな「八十対二十」になっていて、重要な二十パーセントの部分を制すると、八十パーセントを押さえることができる。こういう考え方を彼は示していました。

この考え方をもう少し分析してみたいと思うのです。これは、いったい何を意味しているのだろうか。

例えば、私たちがスコップで石炭を入れるような作業、こういうものをしているとして、そして、筋力がみんな同じぐらいだとすると、同じだけの労働力が一日十時間働いたとして、同じだけの労働量になるわけです。

ところが、実際の仕事というのは、そんな単調なものばかりではありません。いろいろな要素が入っている仕事を一日中やっていますサラリーマンでもそうですし、主婦でもそうです。一日のうちにいろいろなことをしています。このうちの十時間を労働時間と考えたときに、実は「この一日十時間のうちの二時間が最も重要な仕事をしているときであって、その二時間をやると、全体の八十パーセントは終わったも同然だ」というものの考え方があるわけなのです。百パーセントをやろうとしたら十時間かかるが、八十パーセントをやろうとしたら二時間で済むのです。いいですか。よく聴いてください。ここが大事なところです。

「その日の仕事を百パーセントしようとしたら十時間かかるが、八十パーセントしようとすると二時間に詰めることができる」ということなのです。こういう事実があるわけなのです。

すると、ここにいったい何が発生するでしょうか。もし、その人が賢い人であるならば、〝自分の時間を増やすことができる〟ということに、ここで気がつくのです。今日やらねばならぬことを百パーセントやろうとしたら十時間かかるが、八十パーセントやるとしたら二時間で済む。そうすると、「自分の時間を増やす方法」が出てくるわけです。

すなわち、八十パーセントを仕事の限度として二時間を使うとすると、どういうふうになるか。これは、その「八十パーセントを制する二時間」で仕事を順番にやっていきますと、二時間掛ける五、すなわち、「八十×五＝四百」で、四百パーセントの仕事ができることになります。すなわち四倍です。四倍の仕事ができるわけです。その重要な二割の仕事ばかりにかかっていきますと、四倍に時間を増やすことができるわけなのです。そういうことが可能なわけなのです。

では、この四倍に時間を増やすには、具体的にはどうすればよいのか。ここで出てくるのが「仕事の分担」というものです。これが出てくるわけなのです。どこの会社に行っても、管理職と、その下に働いている人がいます。なぜ、こういう組織になっているか、よく考えてほしいのです。

それは、「管理職という人がこの二十パーセントの仕事をして、残りの八十パーセントの部分を下位の者に委ねる」という仕事を実はやっているのです。「管理職が重要な二十パーセントのほうをやって、残りを下の者に任せる」という仕事のやり方です。

ほかの人に任せることによって、自分なら百パーセントできたことが、実は百パーセントはできません。自分なら百パーセントできたことが八十パーセントぐらいしかできないけれども、そうしたほうが実際は時間を増やすことができるようになるわけです。

そうすると、自分は朝の二時間働いたら、自分の管理者としての仕事は終わるわけです。そして、残りの部分は部下に任せると、本来、一日に自分が働いた仕事の八時間分はしなくて済むようになるわけです。ただ、八十パーセントしか達成はしません。けれども、次の二十パーセントを使ってまた管理職の仕事をする。そして、部下を使ってやると、また自分がやろうとしたことへの八十パーセントぐらいの仕事はできるのです。また二時間を使えば、さらに八十パーセントの仕事ができる。こうしてみると、やはり、結果的に時間は四倍に伸びることになるわけなのです。これが大事なのです。

これが、管理職と部下という一対一、部下が一人というふうなかたちであっても四倍になるわけですが、この部下というのが本当に部下の仕事だけをしているのか。要するに、先ほど言ったように、「石炭をスコップで運ぶような、そんな仕事だけをしているか」といったら、そうではありません。部下の仕事のなかにも、やはり、「高度な判断的な仕事」と、そうではない「代替的な仕事」があります。

そうすると、例えば、社長が自分の仕事を全部やる代わりに、その部下として専務を使う。専務に仕事をやると、専務は全部その仕事をするのではなくて、やはり二十パーセントの重要な仕事をして、八十パーセントぐらいはほかの人にやらせる。そして、さらに下の部長に任せる。部長は課長に、課長は課長補佐に、課長補佐は下位にと任せていくと、「時間の創造」はいったいどうなるかです。

これは、数学のできる方は計算されていったらいいですけれども、一人のところで四倍に発生した時間は、それぞれのところで繰り返していきますと、ずっと無限に増えていくのです。そういうふうになっていくのです。

〝時間のお金持ち〟になるための考え方

すなわち、ここが大事なものの考え方なのです。

先祖代々、例えば駄菓子屋なら駄菓子屋をやっている人がいるでしょう。ご主人一人と奥さんだけで、ずっと百年間、その駄菓子屋を続けてきたという人がいます。これは、それで経営していてうまくいっていますから、それはそれで何も文句を言うところはありませんけれども、少なくとも「時間の創造」はしなかったわけなのです。同じように、駄菓子屋だけでなく、他の食料品店でも小売店でもいいですけれども、先祖代々、百年続けたようなところというのは、「時間の創造」をしていないから、そういうことになるわけです。

ところが、同じようにそういう個人商店を始めても、三十年たったら一兆円の売上を誇るような大企業になっているところがあります。流通業界にはそうした発展例が数多くあります。もとは店一つを個人でやっていたものが、三十年後にはものすごい大企業になっていたというわけです。

それは何かというと、今言った法則を使って時間をつくっていったのです。時間を生み出していったのです。本来なら自分一人ではできなかったところを、他の人、有力な人を使うことによって、どんどんどんどん時間を創造したのです。

その仕事は何かというと、やはり、社長が考えている仕事、自分がすべきであった仕事なのです。それを、多くの時間を生み出すことによって、大きな事業に変えたわけです。個人であれば、年に一億円も売上がなかったかもしれないものを、大勢の人を使って一兆円もの企業にしてしまう。そういうことができる。それは、「時間を生み出す」ということを考えたからです。

まさしく、時間を生み出しているのです。つくり出しているのです。一年に一億円しかない売上だったら、一兆円にするにはどれだけかかりましょう。一万年かかります。それが一年でできるようになります。不思議なことです。ただ、それが事実であるのです。

世の成功者というのは、みんな時間をつくり出すことができたのです。時間を生み出すことができたのです。そして、時間はお金以上に大きなものであるということを、彼らは知っていたのです。お金というのは、銀行に預けても、今、せいぜい七パーセントか八パーセントの金利しかつきませんが（説法当時）、時間というのは、もっともっと大きな仕事をいっぱいしていくものなのです。それが大事であったわけです。

こういうふうにして時間を生み出す過程が実はあったのです。そうすると、みなさん、「自分の時間を増やす」ということがだんだんに可能になっていきます。今言ったように、ほかの人がやれるものをほかの人に委任をして、自分はやらねばならない二十パーセントの重要な仕事をしていく。そして、そのなかからまた、下の者を育てて仕事を下ろしていき、自分はそのなかでもさらに重要なその二十パーセントをしていく。

こういうふうにしていきますと、「時間が無限に創造されてくる」ことになるわけで、これで時間の密度が非常に濃くなるわけなのです。それは最初に言った「私の一時間が六千時間になる、六万時間になる」ということと同じことです。

その六万時間を生み出すために、やっていることは何であるか。

すなわち、小冊子をつくったり、本をつくったり、ＣＤをつくったりする仕事に携わっている人がいることは事実です。そうした人の仕事がそこに介在することによって、私自身の場合、時間が一万倍にもなっているわけです。それを自分でやろうとしたら、できないのです。

この考え方は、一種の法則であって、このように時間密度というものを濃くすることによって、〝時間のお金持ち〟になることができるわけです。これをみなさんに考えてほしい。

4　時間の面積を広げるには

時間の投資効果を大きくするマルチ型の生き方とは

それと、もう一つ考えねばならないことがあります。今、「時間の密度、すなわちそれは時間の深さ」という話をしたわけなのですけれども、時間にはもう一つ違った面があります。それは「時間の面積」なのです。

みなさんは、「時間の面積を増やす、広げる」ということを、おそらく考えたことがないのではないかと思います。時間には〝面積がある〟のです。

すなわち、一日の十時間なら十時間という活動時間にまったく同じことをしていた場合、その十時間という時間は、一つの壁に向かっているのと同じことになるわけです。その時間面積は壁一つしかないわけなのです。ところが、その一日の間でいろいろな方向に自分の顔を向けますと、壁だけでも四つあります。四つの壁があります。

要するに、「一日のうちに、自分の関心領域をどこに向けるか」という問題を今言っているのです。四回、その位置を変えると、四つの壁が自分の周りに現れてきます。これは「時間面積で四倍になる」ということを意味しているわけです。

これは一つの部屋を取ってのたとえでありますけれども、同じように、一日の自分の時間が接する面積を広げていくということは、工夫（くふう）をすればできるようになってくるのです。これはどういうことかというと、「同日（どうじつ）」と言ってもいいでしょうし、「一日の間」と言ってもいいでしょうが、一日の間にいろいろな仕事をするということなのです。あるいは、いろいろな学習をするということなのです。あるいは、いろいろな活動をするということなのです。これが「時間面積を増やす」ということになってくるのです。

それについて、違った説明の仕方をいたしましょう。先ほど、「一日の十時間のうちの二時間で、自分の大事な仕事は八十パーセントできる」と言いました。それで十時間を二時間に縮めることができました。すると、まだ八時間が残っています。この八時間をまったく同じ仕事に向けていたら、仕事の生産性は、自分に関して言えば五倍にしかなりません。

　ところが、その八時間を二時間ごとに別な領域に向けたら、はたしてどうなるかです。別な領域に向けたらどうなるか。これは違ったことになるわけなのです。

　世の中にはよく、〝マルチ人間〟といって、いろいろな活動をできる人間がいます。あるときには作家であり、あるときは経営者であり、あるときはテレビに出たり、あるときは演奏家であったり、あるときは旅行家であったり、いろいろな仕事をこなしている人がいます。

　みなさんから見れば不思議な存在でしょう。「ああいう人は、持って生まれた才能が大きいから、ああいうふうにいろいろなことができるのだ」と思います。それも、もちろん一理はあります。それも事実ではありましょう。多方面な才能に恵（めぐ）まれているというのも事実でありましょう。

しかしながら、それは才能だけでは実はそうならないのです。そのようないろいろな活動をやっている「マルチ型の人」は、実は、私が今言っているところの「時間面積を増やす」ということを実践(じっせん)しているのです。

要するに、一日の時間を二時間にまで密度を縮めることができる人がいるとして、同じことばかりやってもそんなに生産性は増えないが、その二時間を二時間ごとにいろいろなことに振(ふ)り向けていくと、いろいろな方向で使えるわけです。そのなかで非常に投資効果の大きい時間というものがあるわけなのです。

時間の面積を広げることによって開ける「新たな世界」とは

例えば、まず、〝会社人間〟で会社の仕事だけしかしない人がいるとします。また、この人と同じような仕事能力を持っているもう一人の人は、一日のうちに一時間だけ、例えば読書をしているとしましょう。そして、この一時間ずつ読書をしている人の読書がものになってくるには、やはり何年かかかります。三年、五年、十年、いろいろな年数がかかりますが、そのころになると一つの教養の厚みとなって変わってきます。

そうすると、会社で同じ仕事をしていた同僚は相変わらず同じ仕事の延長上でやっているのに、その一時間の読書を毎日していった人は、五年後は違った方面の仕事もできるようになっているわけです。そちらの専門家になっている。十年後でもそうでしょう。

この人は、読書の一時間だけを取りました。ある人は、読書の一時間を取り、さらに芸術的な方面での一時間を取ったとしましょう。この芸術的な方面でも、十年ぐらいやりますと、やはりそうとうなものになってきます。ピアノを弾く、バイオリンを弾く、歌を歌う、レコードを聴く、何でもいいのですが、十年ぐらいすると、それは大きな力になってきて、アマチュアであっても一定の実力まで行きます。

そうすると、そうした芸術的方面のところに首を突っ込めるようになります。そうした方面にまた、世界が広がって、友人が広がって、新しい仕事が飛び込んでくるようになるのです。「あなたは音楽に造詣が深いようだから、私たちのクラブに入りませんか。こういう活動がありますが、一緒にやりませんか。そのなかの幹事をやってくれませんか」、あるいは、「アマチュアのそういうものもあるけど、プロになってみませんか」とか、いろいろな話があって、多方面の仕事ができるようになります。これは、音楽一時間、読書一時間の人の場合です。

それ以外の人もいます。例えば、趣味の領域でもっと広げていく人がいます。碁とか将棋のようなものをする人がいる。旅行をする人がいる。また、それ以外でも、体を動かすスポーツの領域で新しいことをやっていく人がいる。一日のうち十分間、体操をやる人もいる。一時間、新しい何か、テニスならテニスをやる、水泳をやるというような人もいる。

こういうふうにして、いろいろなことを同時に組み込んでいる人は、要するに、持っている時間の面積が非常に広いのです。この「面積が広い」ということが、やがてその人の活動領域を広げることになっていきます。

そして、いろいろな活動領域が広がるとどうなるかというと、生きている世界が広くなってくるわけです。会社のなかであれば、自分の課、あるいは部の人にしか知り合いがなく、その人たちとお酒を飲むだけの世界であったところが、違った方面に時間を使っていったために、その方面においてもつながりができる。例えば人脈ができる。いろいろな人脈ができてくる。そういうふうになるとどうなるかというと、普通の仕事ばかりをやっているサラリーマンであればできないような仕事ができることがあるのです。

例えば、スポーツの趣味を何か持っていたら、そこで外部のいろいろな世界の人とのかかわりができます。スポーツクラブのなかで、ほかの会社の社長さんと会ったり、部長さんと会ったりしているようなことがある。

そうしたときに、五年ぐらい仕事をしていると、例えばそれにかかわる仕事が出てきます。スポーツ関係でもいいし、あるいは、その会社の社長がやっているような何かにかかわる仕事が出てきたときに、「あっ、あの人がいるから、あの人に頼めばできるのではないか」と思います。電話を一本入れます。「おお、オッケー。あなたか。じゃあ、おたくの商売、うちで引き受けるよ」と、こうなります。そうすると、この電話一本、わずか二、三分が、普通の人であれば一年かかってでも取り付けられないような契約の成立になってくるわけです。そうすると、その人は必然的に「出世」するでしょう。

こういうことがあって、やはり時間というものは増えていくものなのです。一年かかって取れるような商談が、実は一分、二分で片付くようになる。それは、それまでそういう活動をしていたからです。ほかの世界でやっていたから、そういうことが可能になっていく。

このように、時間の面積を広げることによって、また「新たな世界」を開き、それで自分の時間を創造していく機能が出てくるようになってきます。同じ二十四時間を生きている人間でありながら、生きている世界がまったく違ってくるのです。

すなわち、「時間の深さ」と「時間の面積」によって違ってくる。

5　人生の総決算となる「時間の容積」とは

では、「深さ」――「高さ」と言ってもいいですが、この時間の「密度」と時間の「面積」、これを掛けたものはいったい何かというと、「容積」になります。立体的な容積、こういうふうになってくるわけです。

このような容積、これが、私たちの人生八十年のなかでどういう人生を生きたかということの結論なのです。

時間論的に人生を見たならば、この「密度」と「広さ」、これを掛けたところの「容積」、これが私たちの〝人生の総決算〟になるのです。

「あなたがたは、どれだけの時間――、これは長さではなくて量ですが、どれだけの時間の量をつくりましたか。どれだけの時間を持っていますか」ということなのです。それが、あなたがたの人生の総決算なのです。

この世的に偉(えら)くなったという方は、一生の間で生み出した時間がそれだけ大きいのです。ところが、芽が出なかった人の人生というのは非常に単調で、それこそ時計の針で計られる時間、日めくりでめくることができる時間、それそのものであったということです。

ところが、それだけの仕事を一生の間でする人は、同じ八十年であって同じ八十年ではないわけです。これが、八百年にも二千年にも一万年にもなる仕事も可能であるということなのです。

これが、人生に勝利していくための大きな大きなポイントの一つであるのです。

6　一日一日を「黄金の時間」に変えよ

人生の無駄な時間をなくす「人生の目的と使命」の教え

私が今言った、時間の「密度」、それから「面積」のことが頭に入ってきたことと思います。これまでは、ある程度一般的にも通用する話ですが、せっかくの機会ですから、〝それを超えた話〟もいたしておきましょう。

私たちは、幸福の科学というところで、「人生の目的と使命」、こうしたものを教えています。人生の目的とは、「この地上に魂が生まれ変わることによって、さまざまな学習経験をし、そしてまた、地上を去った世界に還っていく、こういうプロセスを繰り返している、このような転生輪廻を繰り返している」ということです。

そして、その使命とは、「その魂を輝かし、地上にユートピアをつくっていくことなのだ」という話をしているわけです。

そうした私たちの「人生の目的と使命」に関して、先ほど語った時間論に照らしてみると、「ははあ」と思われる方がおそらくいるであろうと思うのです。

それはどういうことなのでしょうか。

物事は何でもそうですけれども、目標・目的があって、「どういうふうにしていけばよいのか」という筋道が立っている人にとっては、いとも簡単に仕事というものは片付いていきますが、先が見えない人、どうしたらいいかが分からない人、自分がどちらに向かっていったらいいかが分からない人にとっては、試行錯誤の連続です。そして、無駄な時間がいっぱいできてきます。

ところが、「人生の目的と使命」をはっきりと知っている人から見ると、そういう無駄な時間が出ないことになります。

では、「人生の目的と使命」をもっと嚙み砕いて言えば、どういうことなのか。

人間は霊的存在、そう、神の子である。
神の子であって、
神の子としての使命をこの地上に実現していくことこそが、
その本質であるのだ。

神の子としての使命とは、いったい何なのだろうか。
それは、この魂学習の場であるところの地上を、
ユートピアにしていくことなのだ。
ユートピア社会とは、どういう社会なのだろうか。
それは、地上に生きている人たちが、みんな住みよくて、
お互いに愛し合いながら生きていける世界なのだ。
光に満ちた世界なのだ。
そういう世界をつくることを使命として生まれ変わっているのだ。

こういう事実を知っておりますと、人生の生き方がどうなりますか。試行錯誤している人に比べて、無駄が非常に少なくなるわけです。

そして、今日の六千人の方のなかにも、「あの世なんか本当にあるのだろうか」と思っているような人もまだだいぶいらっしゃるかもしれませんけれども、これは百パーセントあります。私は実体験しています。実体験している人にとっては、これは疑う余地がないことなのです。九十九パーセントということはないのです。百パーセントなのです。あるものはあるのであって、否定のしようがないのです。これは、経験していない人は分からないが、経験している人にとっては疑うことができない事実なのです。

そして、「百パーセントあの世がある」ということはどういうことかというと、「死んで初めてそれを知る人と、生きているうちに気がついた人とでは、ずいぶん違いますよ」ということを言っているのです。すなわち、「死んで初めて『あの世がある』ということを知った人は、そうとう〝無駄な時間〟を使っていますよ」ということです。「それまでの間に無駄な生き方、人生の時間のロスがかなりありますよ」ということを言っているのです。

早いうちにその事実を知った人には、時間の無駄が少なくなります。非常に自分の時間を管理することができます。そして、先ほど言ったような時間の「密度」とその「面積」を広げて、自分の大きな仕事を完成していくことができるようになっていくわけです。

人生の持ち時間を「予算化」することの大切さ

このように、みなさん、時間というものはお金以上のものなのです。お金を使うときには予算を立てて使うでしょう。それ以上のものが時間であるのです。すなわち、時間を予算化しなければいけないのです。自分の時間というものを「予算」だと思って、どういうふうに使っていくかということを決めていかなければいけないのです。

予算であれば、その使い途(みち)があります。その使い途を決めて、そして、使うときに〝いちばん効果的な使い方〟をしなければいけないのです。〝いちばん効果的な使い方〟をしなければいけない。その「密度」を濃(こ)くしなければいけない。また、その時間の「面積」を広くしなければいけない。一生の間でこの両者をやっていかなければなりません。

「時間の予算化」ということは非常に大事です。一日は二十四時間です。一生は普通(ふつう)は八十年ぐらいのものです。それを無駄にしないで「予算化」していくこと、大事なところに使っていって、そして、大きな時間を生み出していくこと、これが非常に大事なことであるのです。

私たちは霊的世界の話をいろいろとしています。霊現象も出てきます。霊言集(れいげんしゅう)だって出ています。それであの世のことに関心を持つ方もそうとういらっしゃるでしょう。それは持ってもいいことです。

しかし、あの世はあるものだし、そういうものは、当会の教えに学んでみますと当たり前のことなのです。「あの世がある」ということ、「あの世があって、守護霊・指導霊がいて、そして、来世に天国があり地獄がある」、こんなことは、幸福の科学に学んでいる人にとっては当たり前のことなのです。

そして、私たちはしかし、そういうことを知っていたとしても、現に、あの世に生きているのではなくて、この世に生きている存在なのです。この世に生きている存在、これを「現存在」といいます。「ダーザイン（Dasein）」とドイツ語でいいますけれども、「そこにある存在」です。「そこにある」ということは、〝時間を内包した存在〟なのです。私たちは〝時間を持っている存在〟なのです。

正しき時間の探究、発見、創造をせよ

この「現存在」であるところの私たちは、いったい何をせねばいいかんかというと、

この地上の時間を最高度に生かすことに生きるべきであるのです。
霊的世界があるのを知ることは、
人生の目的を知るためにも必要。
しかし、最高度に人生を輝かす、
この地上の時間を黄金にしていくことこそが、
私たちにとって必要なことであるのです。
ですから、霊的世界に興味を持ったとしても、
あくまでも、出発点は、
「この世の自分の生命を、時間を、燃焼（ねんしょう）させる」ということなのです。
それは一日一日から成り立っているのです。
一日一日を黄金の時間に変えていくことこそ、
私たちの人生の目的であるのです。
あの世的なことを知ったからといって、

それを逃避に使ってはならないのです。
一日一日を充実させ、
光に満ちた黄金のものに変えていくことこそ、大切なことであるのです。
だから、真理を知った人は、
知れば知るほどに時間を大切にしていただきたいのです。
毎日毎日を大切にしていただきたいのです。
一日を一生として生きていただきたいのです。
それが肝要なことなのです。

ですから、真理を学んだ方であればあるほど、
よく生きてほしい。
時間を大切にしてほしい。
時間を黄金に変えてほしい。

その毎日を大切にしてほしい。
無駄にしないでほしい。

金貨をドブに捨てずに、それを大事にしてほしい。
増やしてほしい。
他の人のためにも使ってほしい。
そう私は願っております。
これが、「永遠の今を生きる」ということなのです。

あの世的なことだけに関心があるだけでは駄目です。
あくまでも、「現在」という時間を含（ふく）んでこそ、
われわれの生命はあるのですから――。

だからこそ、この時間を大切にしてください。
それなくして「真理の探究をしている」とは言わせません。
「正しき心の探究」とは、
正しき時間の探究であり、
正しき時間を発見することであり、
正しき時間を創造することでもあります。

どうか、今日の講演を機会に、「時間」というものをもう一度考えてみてください。

ありがとうございました。

第3章

大宇宙の悟り

一九九〇年八月二十六日　説法
千葉県・幕張メッセ国際展示場にて

1　ムー大陸の偉大なる指導者ラ・ムーの神秘体験

本日は、夏休みも最後になろうかというこの日曜日に、大勢のみなさまにお集まりいただいて、とてもうれしく思います。

今日は「大宇宙の悟り」という演題を選んでみましたが、正直申しまして、昨夜より、私自身の胸のなかには不安な感じが込み上げてまいります。

と申しますのも、本日お集まりの、まもなく一万八千人になろうとしている聴衆のみなさんが、はたして、この演題に堪えるだけの、この話を聴けるだけの心の余裕をお持ちであろうかという不安であるのです。

あるいは、今日、私がみなさまにお伝えしようとしているところの、この内容は、このうちの一千八百人しか分からないかもしれないし、百八十人しか分からないかもしれないし、あるいは一人しか分からないかもしれません。

けれども、たとえみなさまが、いかばかり、この私の話を理解されるかは別といたしまして、私は語らねばなりません。理解してくださるその一人のために、理解してくださる後世の人々のために、私の分かることを、今、伝えたいと思うことを伝えるのみであります。

今から一万七千年の昔、日本から真南に下った太平洋上に、大きな大陸がございました。その大陸について、その名をお聞きになった方も、おそらくいらっしゃるでしょう。「ムー大陸」と申します。

このムー大陸は、その名どおり、「ラ・ムー」という支配者の出身を表す名で称(しょう)されています。ラ・ムーとは「偉大(いだい)なるムー」という意味でありますが、個人の名が、その大陸の名として後世へ伝わっているわけであります。

ラ・ムーという方は、後(のち)の時代にもその名が伝わっているとおり、「宗教家」でもあり、「政治家」でもあり、あらゆる点において、偉大な指導者としての才覚を現した方であります。

その方がちょうど四十歳の誕生日を迎えた——、そう、今と同じ時期、夕刻七時ごろに、太平洋の波が洗っているところの浜辺に出でて、その岩の上に坐して、しばし瞑想をしていたのでありました。

ラ・ムーの心のなかには、過去四十年間の己の歴史のなかに、あるいは起こり、あるいは消えていったさまざまな出来事が去来しておりました。そして、彼は、神について深く思いを巡らしていたのであります。

そのとき、空を見上げますと、北のほうに明るく光る星が瞬いておりました。

ラ・ムーは、「なぜ、今日は、これほどに星がよく光るのだろうか」と思いながら、その空の星を眺めておりますと、その瞬きが激しくなり、次第しだいに動いてくるのを感じたのであります。

それは、最初のうちは一種の流星にも見えました。しかも、一つの星だけではなく、二つ、三つ、四つ、五つ、六つと、さまざまな星が動き始めたのであります。

その色は、あるものはオレンジ色であり、あるものは青く、あるものは緑色の光を放っておりました。

やがて、そのなかからオレンジ色の光を放つ物体が静かに静かに降りてまいりました。そして、彼が坐(すわ)っているところのその岩から十メートルも離(はな)れない海上の空中、わずか三メートルぐらいのところに停止いたしました。

そのオレンジ色の物体は、直径およそ二十メートルぐらいありました。しばらく海上に止まったまま、そのオレンジの光を、あるいは放ち、あるいは消し、やがて、そのオレンジの光が七色(なないろ)の虹(にじ)のごとく輝(かがや)き始めました。

そうして、ラ・ムーの真正面に当たるところの扉(とびら)が開(ひら)きました。やがて、扉からは光の梯子(はしご)に似たものが伸(の)びてきて、浜辺にその端(はし)を降ろしました。

なかから、一人の人が現れてまいりました。最初はあまりにまぶしかったので、その姿がよくは見えませんでしたが、その階段を下りて浜辺に降り立った人の姿は、あまりにも自分たちムー人によく似ていると、ラ・ムーはそのとき感じました。

彼は岩から降り、そして、その光る人のもとにゆっくりと歩んでまいりました。

その人は、そう、今流に言うならば、身長は百八十センチぐらい、全体が光り輝くコスチュームに包まれており、その目、眉、鼻、口、それぞれが地球人に非常によく似ておりました。そして、不思議なことに、後頭部から二つ、大きな耳のようにも見え、アンテナのようにも見えるものが出ておりました。

ラ・ムーは、直感的に、「これは神が降りてきたに違いない」というふうに感じました。そして、ひざまずいて、「神よ」と言おうとしたとき、その人は、口を開くでもなく、ラ・ムーの心のなかに語りかけてきました。

「ラ・ムーよ。ムーの偉大なる指導者よ。エル・カンターレよ」と、その声は語ってきました。

「エル・カンターレ」という言葉を、ラ・ムーはそれまで聞いたことがありませんでした。そして、一瞬、心のなかに戸惑いが起きました。

その声は続きました。「それがあなたの本名なのです」と。

しかし、ラ・ムーの心は最初の目撃の衝撃から逃れることはできず、また彼を神として扱おうといたしました。

その方は、「では、こうすれば分かっていただけますか」と語って、その体から発しているところの発光を静かに抑え、そして、ごく普通に近い姿になってまいりました。時折、言葉を発しようとするときに、後頭部より光が出てはおりますが、それ以外では、特殊な服を着た人間と、そう変わりはありませんでした。

彼は、ラ・ムーに手を差し出しました。驚きながら、ラ・ムーはその手を握ろうとしましたが、彼は軽く手を交わしただけで、「いや、私たちは握手はしないのです。手を触れ合うという挨拶をするのです」、そう語りました。その手はとても柔らかく、その手のなかに人間と同じ血が流れていることを感じさせるのに十分でありました。

その方は、自分の名を名乗りはしませんでしたが、ラ・ムーに対して、

「あなたは、私を神のように思ってはならない。私も一人の指導者であるが、決

して人類以上に優れたる者たちでもなく、また、私自身があなたより優れたる者でもない。

その誤解の多くは、あなたがたが、あまりにも長い年月、あなたがたの祖先がいったい何者であるかということを忘れていたということにあるのだ。

そして、今日、これからあなたにお見せしようとするこの映像を、ラ・ムーよ、あなたは理解することができるだろうか。理解することができるとしても、それを他の人々に伝えることができるだろうか。

それが可能であるかどうかを、私は問わない。しかし、私は、伝えるべくして、これをあなたに伝えるのだ。それをいかに生かすかは、あなた自身の問題となるであろう」、
と語りました。

2　三億年以上昔の地球で何があったのか

海上のスクリーンに映った想像を絶する光景

そうして、海のほうに向きを変えると、ベルトにあるところの一つのボタンを押(お)しました。

そうすると、どうでしょう。晴れ渡(わた)っていた海上だと思われたところに、うっすらと霧(きり)のようなものがかかり始め、やがて、それがスクリーンへと変わりました。そして、そのスクリーンに一つの大きな映像が映ってまいりました。

現代の私たちであれば、その映像を理解するのはそう困難なことではないでしょう。しかし、当時は非常な驚(おどろ)きをもってそれを見ざるをえなかったのです。

その、神にも似た宇宙人は、再びラ・ムーのほうに振(ふ)り返ると、「よく見よ。これが、あなたに見せる第一のシーンである」、そう語りました。

そして、その次に、その海上のスクリーンに映った光景は、ラ・ムーの想像を絶する世界でありました。

それは、ちょうど私たちが想像するところの未来都市に極めて似た風景でありました。地上をはるかに離れたところに透明の、高速道路に似たものが走り、車はその道路の上に乗るのではなく、道路の上を浮揚しながら進んでおり、空中にさまざまな物体が行き来し、そして建物は高く、まるで山のような高さに感じたものです。

ラ・ムーの見たその未来都市の姿は、当時の彼にはとうてい理解できませんでしたが、しかし、ムー帝国でつくっていたところの「光のピラミッド」によく似たものであるというところまでは理解ができました。

その宇宙の使者は、彼にこう語りました。

「これが、実は、あなたがたの（一部の）祖先が住んでいた星の姿であり、その祖先の住んでいた星とは、すなわち私たちの星であるのだ」

やがて、その都市のさまざまな風景が次から次へと映され、そして、次第に画面は変わっていき、一つの会議の模様を映し始めました。

その会議のなかで、その国の指導者と思われる人たちが議論している姿が映ってきます。言葉は分からないのに、彼らの議論している内容がラ・ムーには分かってきます。まことに不思議な感覚でありました。

そして、そのなかで、まだ若く、非常に知的な容貌をした青年科学者が激しく周りの人たちに抗議をしている姿が見えてまいりました。

その内容は、どうやら、「生命の創造」ということに関することのようでありました。その若き科学者は生命の創造実験についての提案をしているのですが、他の多くの指導者たちが「その内容をとうてい受け入れることができない」と言っているのでした。

その次のシーンには、一つの実験工場のようなシーンが出てまいりました。そして、そこでは人体類似の、そうしたモデルがつくられ、さらに、その中央部分には非常に巨大な装置が出来上がっておりました。

どうやら、その実験装置は、大宇宙に遍満するところの神のエネルギーを集めて、人間としての個性霊をつくるという、そういう装置のようでありました。魂の創造ということを始めるための装置であったようなのです。

そこで、ラ・ムーもようやく事の真相が呑み込めてまいりました。「魂の創造ということをなすことが、はたして神の心に適うことなのか否かということが、その星でのたいへん大きな問題になっている」ということであったわけです。

結局、その若い科学者である指導者は、大勢の人たちを説得することができなかったようでありました。

そして、次なるシーンが映ってまいりました。

それは、新たな生命の創造を目指すという趣旨に賛同した人々が空港に集まって、新たな星に向けて飛び立とうとする姿でありました。「その数は約六千万人である」と、そのとき、ラ・ムーは教えられました。

そうして、彼らが乗り込んでいる大きな宇宙船は長さが一キロメートルもあるほどの巨大な葉巻型の飛行物体であって、それが幾つも幾つも並んでいるのが見えます。そして、そのなかにも小さな円盤に似たものが内蔵されているのが見えます。

やがて、その星を、この飛行体は離れました。

そのときに、宇宙人はラ・ムーに語りました。「これがゼータ星という星なのだ」。

ラ・ムーは訊き返しました。その名に聞き覚えがなかったからです。

「分からないならベータ星と呼んでもよい」。そう、その声は語りました。

なぜ長年にわたって地球を観察し続けているのか

やがて、その宇宙の旅を終えて、その葉巻型の巨大な母船が地球の上空に達するシーンが映し出されました。

そして、地球の成層圏の上空に次々と止まったその母船から、小さいものは直径五メートル、大きなものでも四十メートル、五十メートルぐらいのさまざまな形の円盤が降りてきて、地上を探りに行っているシーンが出てまいりました。

やがて、調査が終わって、その母船の大編隊が次第しだいに降下していく姿が映されました。

見ると、そう、現代の目で見るならば、それはちょうどアフリカの北部、現在のナイルに当たる地域でありました。

そこに次々と降下したその母船がドアを開き、人々が出てくる姿が見えました。

「環境は私たちの星と変わらないな」という声が、あちらからもこちらからも上がってまいりました。

彼らは恐る恐るヘルメットを取ってみましたが、「大丈夫だ。酸素も十分にある。ここは若い星だ。美しい星だ。緑も豊富だ」、そういう声が次々と聞かれます。

そしてさらに、人間が降りてきただけではありませんでした。次々とドアが開きますと、そのなかから、現在、私たちの周りで見かけるところの家畜に近い動物たちが降りてまいりました。

まず最初に降りてきたのがヤギでした。そして、次に降りてきたのが牛でした。さらに鶏、さらに、犬によく似ていますが、もう少し小型化した生き物、また猫によく似た生き物も降りてまいりました。こうした家畜たちの先祖に当たるものたちが降りてきました。

そして、そのときに、その飼育係と思われる者の言葉がまた、聞こえてきます。

「この地球にも動物は住んでいるが、どうも、まだ獰猛で、私たちの友達にはなってくれないようだから、私たちは、母星から連れてきたこうした家畜を、この地球に増やすことが大事だね」、そういう話を交わしておりました。（注１）

そして、最初の村がその地に建設されていくシーンが、次々と映されていきました。

ラ・ムーは息を呑みました。信じられない光景です。

その宇宙から来た人は、畳み掛けます。

「これが、今から三億年以上昔に、現実にあったことなのだよ。なぜ、私がこうした景色をあなたに見せられるか。それは、今のあなたには分からないだろうが、やがて分かるときが来るようになる。

いずれにしても、このシーンが本当だとするならば、私が『神でない』と言っていることが分かるであろう。神ではないどころか、まさしく、あなたがたの仲間であるのだ。長年にわたって、『私たちの星から出てきた人たちが、この地球でどのように過ごしているか』ということを、私たちは観察し続けている。

そして、一つの文明の最隆盛期(さいりゅうせいき)とその末期には、必ず、数多くの仲間たちが来て、あなたがたの文明の盛衰(せいすい)を見守っている。

今、あなたが生きているところのこの『ムー大陸』という大陸は、あなたが生きている時代、これが後(のち)に最高の『ムー文明』と呼ばれるようになるのだが、やがて、あと千年もすれば、この大陸は消えていくのだよ。

私たちは、その文明の最大の発展と消滅(しょうめつ)というものを記録するために、今、見に来ているのだ」

こう、その宇宙人は語りました。

ラ・ムーには、その言葉の意味がまだ十分に分かりませんでした。

「私たちの国が消えるということは、あなたがたが滅(ほろ)ぼすということなのですか」

と問い返しましたが、

「いや、そういうわけではないのだ。やがて、おまえたちも、自分たち自身で知ることになるだろう。

しかし、文明というものは、決して一過性のものではないのだ。過去、この地上にはいろんな文明が次から次へと起こっていたのだ。

おまえは、今、私たちの仲間が、今から三億数千万年前に地球に渡ってきたそのシーンを見て驚いたが、おまえたちの時代を遡(さかのぼ)ること数百万年前には、地上に、私たちに似た科学文明も存在したことがあるのだ。

そのときの人々は、月に、金星に、火星にと乗り物を送り込み、かの地に移住しようとしたことがあったのだ。

しかし、その文明の最盛期において、（今日で呼ばれるところの核戦争に似た）争いが起きて、その文明自体が滅びていくという、そういう悲惨な結果を経験したことがあるのだ。

それが、おまえがまだ見たことのない、西のほうの砂漠の地帯の、はるか地下の世界に眠っている過去の文明でもあったのだ」、

そう、その方は語りました。

3　大宇宙創造の真実を語る

そして、さらに次なるシーンを海上に映し出してきました。それはそれは、まことに不思議な不思議な光景でありました。

過去、三億年余りの人類史のなかで、いちばん特徴(とくちょう)を持ったシーンが映し出されてきたわけなのです。

なかでもラ・ムーの心を惹(ひ)いたのは、この地上を離(はな)れた世界、霊天上界(れいてんじょうかい)といわれる世界の建設がこの地球で進んでいくときの光景でありました。

「これは、あの世といわれる世界なのですか」と、彼はその宇宙人に問いましたが、宇宙人は軽く笑いながら、

「〝あの世〟ではないのだ。これが、生命が生きている世界の本当の姿であるのだ。

おまえたちが生きているこの地上というものは、神が創られた大宇宙のなかの、ほんの一部にしかすぎないのだ。それを知らなくてはいけない。

おまえは、すでにさまざまな神秘体験を経て、私が示しているこの世界を、ある程度、理解することができるであろう。その意味を、さらに私が説明をしておく。

先ほど、生命を創造するときに、神のエネルギーを集めて新しい創造をなそうとしたという話をした。

おまえの目には、この地上世界は、あるいは海であり、あるいは大地であり、岩石であり、草花があり、動物があり、いろんな要素で成り立っているように見えるだろうけれども、実を言うと、本来、こうしたものは、おまえの目の錯覚にしかすぎないのだ。錯覚という言葉が、もし言いすぎであるとするならば、それは、たまたま、そのような形を取っているように見えているだけなのだ」、

そう語りました。

「見よ」と、彼が言うと、さらに画面が大きく映りますが、それは天地創造のシ

ーンでありました。

そこに映ったシーンは、ちょうど現代、宇宙科学を研究している人たちにとっては、格好の材料となるようなシーンでありました。

暗黒の世界のなかに、突如、ポツンと光のようなものが現れ、その光から炎が吹き出し、やがて爆発をし、その小さな粒子が、それぞれ強烈な勢いを持って広がっていく。そして、小さな粒子と見えたものが、次第しだいに大きくなってきて、最初は星のように見えてくる。星のように見えてきたものが、さらに大きくなってくると、どうやら、あの銀河のように見えてくる。

こういうシーンが繰り返されてきました。

さらに、そのシーンは続いていきます。

あるところでは、そのような、ビッグバンとも言えるような爆発が起きるかと思えば、あるところでは、微惑星とも言える、直径十キロか二十キロぐらいの小さな惑星が衝突を繰り返して、非常に大きな爆発を起こし、その周りに磁場ができて、一つの星ができているシーンがあり、あるときには、まったく何もなかったところにエネルギーの磁場のようなものができるかと思うと、宇宙に漂っているところのいろいろなものを次々次々と引き寄せて、そして、そこに大きな渦巻きが起き、やがて強力な引力にも似たものによって、それが固まっていく姿が見えました。

その宇宙人はラ・ムーに言いました。

「これは、偶然起きていることではないのだ。この背後にあるものをよく見よ。その背後にあるものは一つの巨大な意志であり、この意志が、エネルギーというかたちを取って、われわれが住んでいるところの世界に解き放たれるのだ。

よいか。夜空を見たら広がっているところの、あれほどの大空間も、たかだかこの四百億年の間に創られてきたものなのだ。それだけの歴史のなかに創られてきたものなのだ。

そして、おまえの目には無限に見えるこの宇宙も、さらに上なる世界から見たときには、そうしたものではないのだ。われわれをくるんでいるところの霊界世界という世界から見たならば、それは、ちょうどボールのように、水たまりのように浮(う)かんでいる世界であって、これは神の創られた世界の一部であるのだ。

おまえには、最初に大きな爆発が起きて、大宇宙に広がり、そして宇宙ができたように見えるかもしれないが、それは、おまえの目の誤りであるのだ。

大宇宙のなかには、こうしたボールのような塊(かたまり)が幾(いく)つも幾つもあり、それぞれ、爆発を繰り返して広がったり、収縮をしたりしているが、決して宇宙は一つでもない。宇宙は複数ある。さまざまな宇宙があるのだ。

そして、さまざまなその宇宙そのものが、そう、おまえが見れば、ちょうど雨上がりの日に、草の葉の上に一滴(てき)の雨滴が光っているように、そうした一滴(ひとしずく)でしか、またないのだ。

それはまた、さらに巨大な宇宙のなかに包含(ほうがん)され、その巨大な宇宙も、物質を通じて現れている宇宙はまだまだ小さい。霊的世界の本質を知ったときに、その目で見える宇宙を取り囲んでいる世界は、はるかにはるかに広大なもののなのだ。

その広大な宇宙から見るならば――、そう、今のムー文明に生きているあなたがたから見れば神のごとく進化していると見える私たちも、まだ進化の途次にある発展途上の生き物であるのだ。

この進化は無限であり、無限の進化を遂げるために、文明は発展を遂げなければならない。

そして、一つの文明がその限界を感じたときに、その文明は滅び、さらに新しい文明が、他の地域に起きてくるのだ。

その文明の端境期においては、『なぜ、こんな非情なことが許されてよいのか』と思うこともあるであろうが、しかし、長い長い歳月のなかには、『それもまた、偉大なる計画の一つであった』ということが分かるようになるのだ。

この目に見える、人生を生きている間に見えるところの、さまざまな悲しみや苦しみだけにとらわれてはならない。おまえは、もっと大きな視野で宇宙を見、そして、神の心を知らねばならない」

こう言ったときに、ラ・ムーは、「では、神とはいったい何なのですか。何をもって神とすればよいのですか」と問い返しました。

その宇宙の使者は、さらに映像を映します。

それは、明らかにこの地球を出発点とするものでありましたが、その地球を超えている世界の図でありました。霊界世界というところを、次から次へと映してまいりました。

そう、最初は、私が今呼んでいるところの低位霊界、まだそれほど大きくなっていない時代の低位霊界、四次元、五次元、六次元という世界から始まって、やがて七次元菩薩界といわれる世界、八次元如来界という世界、九次元宇宙界ともいわれる世界を映していきました。

「どうだ。これが、おまえたちの星だ。おまえたちの星の周りを取り囲んでいる世界だ。しかし、これは、この地球に完結した世界ではないのだ。見よ」と、彼は指差しました。

すると、八次元の如来界といわれる世界あたりから、その地球に属していたと思う世界が、ちょうど大きなベルトのようにつながっていて、他の惑星につながっていく姿が見えたのです。その、目にははっきりと見えない透明なチューブのようなつながりのなかで、はるかに距離が離れているところの惑星と、この地球とがつながっているシーンが見えてきて、その霊界を通して、さまざまな星の人が行ったり来たりしている姿が見えてきたのです。

その宇宙の方は、ラ・ムーに言いました。

「よいか。おまえは、『肉体を持ってこの地球に来る』ということばかりを考えているかもしれないが、それはあくまでも地上に生きている人間の目に映る世界であって、目に見えない世界においては、このように、『すでに宇宙というものは一つにまとまっている』ということを知らなくてはならない。

それは、おまえの目に見えるところのこの銀河だけではない。宇宙には、この銀河と同じようなものが数多くあるのだ。それぞれの星に、高度に知性を持った人たちが住んでいるのだ。

そういう人たちは、ちょうど私たちのように、こうした宇宙船に乗って地球に来ることもあるが、それだけではなく、霊界世界のはるかなる高次元において、すでにつながっていて、さまざまな宇宙の情報を集め、交流をしているのだ。

そして、それぞれの星のなかで、『素晴らしい国をつくっていこう』『素晴らしい政治をしよう』と話し合っているのだ。

ちょうど、おまえがこの大陸にムー文明を起こしているが、それ以外のところにも人々が住み、それなりの文化があることを知っているであろう。それと同じように、この地上に起きているのと同じことが、宇宙の規模においても実は起きているのだ。

そのなかに、進んだ国あり、後れた国あり、さまざまな国がある。ある点において優れていても、他の点においては後れているという星もあることは、おまえも想像に難くないであろう」

4　ムー文明が終わりを迎えた理由

「しかし、私は、おまえが今、頭を痛めている問題についても知っている。おまえは、『ムーに生きている人たちが、どうやったら幸せに生きていけるか』ということを念頭において、毎日毎日、苦しんでいるはずだ。『どのような教えを説けば、人々が幸福に生きられるか』ということを、おまえは日々探究しているはずだ。

私は一言、おまえに言っておこう。

おまえたち地球の人間は、大切なことを一つ忘れている。いちばん大切なことだ。人間として生きていく間に、おまえたちは『愛』という言葉を数限りなく使っているが、私の目には、おまえたち地球の人間たちが使っている『愛』という言葉は、どうしても愛には思えないのだ。おまえたちが『愛』と呼ぶものは、所有欲にほかならないのではないのか。私たちは、そういう心を持っていない。少なくとも、おまえたちの先祖（の一つ）である、この星から来た私たちには、そのような心はない。

愛というものは、『他の者を自由にしたい』とか『手に入れたい』とかいう、そのような思いではなくて、『ほかの人々を無限に美しく輝かせていきたい』という思いであるのだ。

愛に所有欲、そう、あの美しい女性を手に入れたいとか、この財宝を手に入れたいとか、こうした地位を手に入れたいとか、こういう家を、国を、いろんなものを手に入れたいという思いが入っていると聞いたならば、私たちの星の人は、誰一人、信ずるまい。

『そんなバカなことがあるものか。そういう所有欲こそが、実は戦いのもとではないか、争いのもとではないか。それがもとで戦争が起きるのではないか。

だから、それは愛であるはずがない。愛は人々を幸福にするためにあるはずだ。そんな愛は間違いだ。それはまだまだ未開の人の愛だ』と彼らは思って、おまえたちの考える愛など、決して理解することはないのだ。そのことを知らなくてはならない。

おまえは、私の言うことをよく聞きなさい。

ムーの人々は優れた人々であるが、この文化の高みのなかで『驕る心』が出てきている。大殿堂をつくり、そして、自分の地位を顕示し、心を蔑ろにして、人々を自由に動かすことが偉いことなのだと思い始める人たちが次第に出ている。

それは、おまえが地上を去ったあとに、さらに拍車がかかってくることになるだろう。そして、この文明の終わりを迎えることになるのだ。

いや、それは、もう避けることができない事実であるのだ」

と彼は語って、さらにボタンを押しますと、海上のスクリーンに次なる光景が映りました。

それは信じられない光景で、自分が今、生きているところのムーの大陸が沈んでいく光景でした。「信じられない」と、何度も何度も心のなかで叫んでしまいました。どんどん沈んでいくのです。

これほどつくってきた国が、東からだんだんに沈んでいきます。一部の人々は船によって逃れることができましたが、ラ・ムーは叫びました。

「こんな危機が来るならば、私は、何とか人々を助けなくては！」

その宇宙人は言いました。「いや、これは、おまえの時代に起きるのではない。もっと時代を下って起きる事態であり、おまえは、それをどうすることもできないのだ」。

ラ・ムーの目に涙が浮かびました。

「そんな無力な指導者であるならば、私はただいま、この国の指導者をやめてしまいたい。そんな無力な指導者であるならば……」。そう語りましたが、しかし、その宇宙人は言いました。

「だが、おまえの国民たちに、未来ということを、おまえは説明することができるだろうか。おそらく、できはしまい」

確かに、ラ・ムーもそう思いました。なぜ未来が分かるのか、そのようなことを言うこともできないし、それを信じさせることもできないし……。

「そうなのだ」。かの宇宙人は語りました。「人間には、今という時間しかないのだ。そのなかに過去・現在・未来がすべて入っている。おまえは、今のなかを最高度に生きる以外に、輝かせる以外に、今、生命を持っている人たちの魂を救う以外に、道はないのだ」と。

ラ・ムーは驚きました。そして、その宇宙人の言っていることが、おそらく真実であろうということを確信しました。

彼は言いました。「あなたの名を伺わせてもらえませんか」。

その人は、「いや、わが名を語る必要はない」と言いました。

ラ・ムーは、「しかし、あなたは神のごとき人ではありませんか。神のごとき智慧を持っているではありませんか。ならば、この地上にとどまり、この国にとどまり、私の代わりにこの国を治めてくだされば、人々はどれほど幸福になるでしょう」、そう語りました。

5 「心の内なる宇宙を究めよ」と説いたクラウド王

その宇宙の方は、微笑んだあと寂しげに笑い、そして「おまえは、今、自分が言った言葉そのものを、また苦しみの種にするときが来るのだよ。それを見せてあげよう」と語りました。

そして、またスクリーンの上に映った光景がありました。山の多い光景でした。今の南米、アンデスの地であります。

「これは、今から一万年近いあとに起きることなのだ。見ろ。あそこのアンデスの山中に出来上がっている、あの王宮を。あのなかに座っているあの王様を誰だと思うか。

それが、おまえの将来、転生していく姿なのだ。その王の名をリエント・アール・クラウドという。見よ。おまえが何のために苦悩するかを」と彼は語ると、次に現れてきたシーンがありました。

それはまた、ついさっき見たばかりのシーンに非常によく似たものでありましたが、アンデスの山中に空中からさまざまな飛行物体が降りてきます。

そして、人々はどうしているか。人々は狂喜して、松明を持って、その飛行物体を追いかけています。そして、着陸したその物体の周りを取り囲んでは、お祭り騒ぎをしているのです。

彼らの言葉を聞いてみると、「神だ、神だ」と言っています。「神が降りてきた。神の意向に沿わねばならない」「宇宙から来る人こそが神である」ということを言っています。

これに対して、クラウドという名の王が敢然と立ち向かっている姿が現れてきます。人々を集め、「あれは神ではない」、そう言っています。

「なかには文化・文明の進んだ者もいる。それは私たちの魂の祖先たちの姿であるが、この地球に飛来している者はそうした者ばかりではない。十数種類、あるいは、もっとそれ以上のさまざまな宇宙の人たちが来ており、そのなかには、今のあなたがたにとって〝害のある思想〟を持っている人も数多くいるのだ。宇宙から来る者すべてを神とする思想は誤りである。

そして、私たちの今の力でもっては、何を善とし何を悪とするか、何を〝高度な宇宙人〟で神に近い心であるとし、〝それでないもの〟をそうでないとするか、これが分からない。

だから、そうした未知なるものに憧れる気持ちは分かるが、それにとらわれてはならない。

私たちの神は、この心のなかに住んでいるのだ。私が常々語っているところの『心の探究』をせよ。心を探究していったときに、自分の心の奥を探究していったときに、その奥に偉大なる神の存在を知ることができるのだ。その心の奥にすべてがあるのだ。心の王国のなかに大宇宙もあるのだ。

飛来してきている、そうした宇宙の人々以上に優(すぐ)れた魂が、この地球にも住んでいて、そして、彼らが高級諸神霊(こうきゅうしょしんれい)として人々を指導しているのだ。その上には、地球を中心とするところの偉大な神霊がいて、人霊(じんれい)を進化・発展させているのだ。

いずれかの日に、いずれかの時代、いずれかの地で、われらは、そうした宇宙人たちと対等に話をし、そして交渉(こうしょう)することもあるであろうが、今はそのときではない。今、われらは心を一つにして、内なる宇宙を究(きわ)めねばならないときなのだ」

そう、クラウドという王様は力説しています。

それでも国のなかは乱れています。二つに分かれ、そして宇宙人を神とする考え方とそうでない考え方、そういうものが広がっています。

そして、次に映ったシーンは、地球に飛来した、そうした円盤(えんばん)のなかの一隊のやっていることです。

夜、野原で空中に停止すると、そのなかからレーザー光線のようなものが降りてきて、アンデスの山中に飼っていた家畜(かちく)たち、特に牛たちのお腹(なか)が、ちょうど直径五十センチぐらい、えぐられていくのです。次から次へと、そのレーザー光線が当たってはえぐられていく、えぐられていく。そういうことが繰（く）り返されていました。翌朝（よくちょう）になって、村人たちが行くと、牛たちが死んでいる。「なぜ、死んだのだろうか」「分からない」「これは神の捧（ささ）げ物になったのだ。神の生贄（いけにえ）になったのだ」と、そういうことで、ますます、それをありがたがって信仰（しんこう）している。

クラウドは言います。

「そういうことをする宇宙人たちは、決して神ではないのだ。あなたがたは自分を護（まも）らねばならない。あなたがたは、そのような、牛や家畜たちが次々と死んでいくのを歓迎（かんげい）してはならない。力を合わせて護らねばならない。

私たちの心が調和されて一つになり、そして、この地上を地盤として、一つの美しい文化をつくっていったときに、この宇宙人たちも、不調和な心を持っている者たちは、われらと調和できなくなって、この国に来ることができなくなってくるのだ。決して、彼らを入れてはならない」

そういうことで対決していきます。

そこでまた、映像が途切(とぎ)れます。

6　どのような危機の時代であっても道を拓け

宇宙人は笑います。

「物事は、このように原因・結果が巡ってくる。

今、おまえがよいと思うことでも、将来は悪になることもある。その悪がまた、善になることもある。

それぞれの環境のなかにおいて、その原因・結果の連鎖があって、その時代その時代の最高のもの、最高の考えというものがつくり出されてくるのだ。

しかし、それは、『静止された状態において、これそのものが最高の考えなのだ、道徳なのだ、思想なのだ、哲学なのだ』というかたちで、固まったものがあるのではなく、いかなる環境下、いかなる時代下において生きていても、そのなかで最高のものを目指そうとする人間の営為こそが、その珠玉の行為こそが尊いものなのだ。おまえたちは、それを知らなくてはならない」

そう語り終えて、やがてまた階段を戻り、ハッチが閉まり、そのオレンジ色の物体がまた輝き始めます。

オレンジ色ではあるけれども、なかは半透明であって、なかに何人かの人たちが入っているのが見えます。いずれの人も美しい顔立ちをしています。男女の別がはっきりとありました。

「いずれ、こうした人の仲間入りをしたいものだな」と、ラ・ムーは強く心に念じたのでありますが、やがて、彼らはその海辺から遠ざかってまいりました。

これが、今から一万七千年ほど前にあった一つの事件であります。

それを契機として、このラ・ムーという人の思想はさらに深くなり、高くなりましたが、ただ、このときに知りえたこと、悟りえたことを伝える術はありませんでした。それを一つのヒントにして、「人間というものが、それほど偉大な可能性を持っているものであり、われわれは、海のなかから這い上がって進化したような存在ではなく、原初より、あの神にも似た尊い祖先を持っている存在であったのだ」ということを知り、また、「この地球を中心として、素晴らしい霊系団をつくっていったときに、やがて、彼らとも自由に交流し、お互いの文化を高め合える時代が来る」ということを悟ったのでありました。（注2）

その後、このラ・ムーがまた、アトランティス大陸の末期、今から一万一、二千年前に、トスという名で生まれ、「科学」と「宗教」と「政治」とを融合させる教えを説きました。

さらに、先ほど言った南米アンデスの地で、七千年余り前にリエント・アール・クラウドという名の王として生まれました。

さらに、今から四千三百年近い昔、ギリシャの地にヘルメスという名で生まれました。

そして、二千六百年前に、インドの地でゴータマ・ブッダ（釈尊）という名で呼ばれました。

それらの名で呼ばれた人々は、その宇宙人が語ったところの「エル・カンターレ」という魂の、それぞれ個性を持った一部であります。

このように、私たちの生きているこの地球の文明は、われわれが歴史の教科書で学ぶような、わずか三千年、四千年のものではありません。また、原人など、五十万年前、百万年前に住んでいた猿に近い人類というのが祖先でもありません。

われらは、いつの時代にも高い文化を経験して、そして、次から次へと文明を循環させてきた人々であるのです。

今また、これから、ムーやアトランティスの時代に似た、文明の最後の興隆が起きてまいります。

これから、さまざまなことが起きるかもしれません。

けれども、『太陽の法』のなかに説いてあるがごとく、

『太陽の法』（幸福の科学出版刊）

われわれは、過去、そのような危機をいつも乗り越えて、
新たな文明をつくってきたのです。
私の目は、すでに西暦二〇〇〇年代に向いています。
さまざまな混乱が、今後、この十年にあったとしても、
そんなものは眼中にありません。
それから後に来る時代こそが、われらの正念場であります。
その時代に最高の文明と文化をつくり、
過去なかったような魂の輝きを放つことが大事であるのです。
そのような誇り高い歴史を生きてきた私たちであるならば、
どのような危機の時代にあっても、
必ずや道を拓いていくことができるものと信じます。
そのために伝道ということがあるのです。
これより後、さらに、この地上を光に満ちたものと変えていくために、

われらは、今こそ決起し、戦い抜かねばなりません。

（注1）地球の家畜やペットなどの動物は、かつて宇宙から持ち込まれたものがもとになっているものもあるが、さまざまな姿をした宇宙人の肉体が変化して動物化していったものや、地球で新たに創造されたものなどもあるとされる（『太陽の法』『不滅の法』『「宇宙の法」入門』〔いずれも幸福の科学出版刊〕等参照）。

（注2）最新の霊査によると、ラ・ムーの時代にも科学技術が発達し、宇宙から飛来する者たちを受け入れる土壌があり、宇宙人との交流が行われるようになっていたとされる。また、神の本質を体現した「ファントム型人類」として、ラ・ムーは必要に応じて量子変換して姿を変え、霊的世界と地上世界、さらに宇宙空間を行き来し、他の星にも姿を現して魂の創造を行うなど宇宙規模での指導をしていたとされる（『公開霊言　超古代文明ムーの大王　ラ・ムーの本心』〔幸福の科学出版刊〕参照）。

第4章

伝道の精神

一九九〇年九月二日　説法（せっぽう）

福岡（ふくおか）県・北九州市立総合体育館にて

1　伝道の出発点にある「神への思い」とは

「神」という言葉を出すことが難しく感じられるのはなぜか

九州は、今年はこれで二回目になります。九州のみなさまの情熱にお応えいたしまして、「特別講演会」というものを組ませていただきました。そして、この演題も、まさしく今、この九州の地にふさわしい「伝道の精神」という演題にさせていただいたわけであります。

まだ、講演会においては、本格的な「伝道論」というものについてお話をしてはいないというふうに考えています。そこで、現時点での私の考え方をまとめてみながら、みなさまの今後の活動の指針になることを、何かお話にできれば幸いであると、このように思う次第であります。

さて、この伝道を語るに際しまして、まず最初に、私が語っておかねばならぬことは、「神への思い」ということであります。「神」という言葉を出すことが、口に上(のぼ)らせることが、今日(こんにち)ほど難しく感じられることはないように思えるのであります。

そして、そのことを、なぜ人々は素直(すなお)に、不思議に思わないのでしょうか。なぜ、「神」という言葉を口に出すことを、また聞くことを、それほど「この世離(ばな)れした、受け入れがたいものである」というふうに感じられるのでしょうか。そのような風潮をつくったのは、いったい誰(だれ)の責任なのでしょうか。

特定の「この人」という人がいてそうなったわけでは、おそらくないでありましょう。そうではなくて、暗黙(あんもく)のうちに、「神」という言葉を口に出すことを「恥(は)ずかしい」と感じるような感じ方をまかり通らせて、そして、それをまた受け入れていたのは私たち自身ではないでしょうか。

しかし、考えてみれば、これほど愚(おろ)かしいことはありません。

物事にはすべて始まりがあり、その後の展開があり、終わりがあります。この地球があるのも、世界があるのも、また、人間を筆頭とするところの生命があるのも、必ずやその始まりがあったはずであって、その始まりについて考えようとしないということは、少なくとも心ある人間のするべきことではないと、私は思うのであります。心ある人間、あるいは知性のある人間であるならば、「物事の始まりについて考えない」ということは実に実に恥ずかしいことであります。

あえて、「神」という名の、使い古された、何百年も何千年も言い古された言葉を、私は改めてみなさまに問いかけます。その神という存在への思いをなくして生きているということは、子供たちが「自らの親が誰であるか」ということを考えることなく人生を過ごしていくことと、同じであるのです。

子供は、生まれ落ちてまもなくより、自分の母親が誰であるのか、父親が誰であるのかを知ろうとするでしょう。知るだけではないでしょう。知ってさらに、求めようとするでしょう。抱きしめてほしいと願うでしょう。一歩でも二歩でも親に向かって進んでくるでしょう。それが本当の姿であるのです。

そうであるのに、また、この親子の関係で言うならば「子」に当たるところの人間が、「親」なる神を見向きもせず、求めもせず、己一人で世の中に生まれてきたかのごとく振る舞っているところの、この現在は、まことにまことに恥ずべき現状であると言わざるをえません。

今のたとえ話を聴いただけでも、みなさまはある程度納得されることがあるでしょう。親のことを考えもせず、求めもせず、また、自分が両親により生まれたものであるということを考えもせず、「自分一人で自分の命ができて、勝手にその命を使ってよい」と思って生きている子供を見たら、親はどういう気持ちがするかということが、お分かりになってくることでありましょう。

それは、「情けない」という言葉を通り越して「愚かである」という、その一言に尽きるのではないかと思います。

そして、その愚かにも見える、親を知りもしない子供たちがお互いに集まって、

「僕たちは、そう、誰かによって生まれた存在じゃないんだ」、そして、「どう生きていこうが、僕たちの自由じゃないか」、こう言っているならば、「人間なんて、そんなものは偶然の産物だ。自分の感覚どおり生きていけばよいのだ。自分が生きたいように生きて何が悪い」、そう言い合っている姿を見たとしたら、もし、そこにその子の親が現れて、その会話を聞いているとしたら、どれほどに涙を流すことでありましょう。

「ああ、私たちがあれほど苦労してこの世に送ったわが子は、かくばかりに愚かなことを言い続けている」と、涙を流すであろうと思うのであります。

神を愛するということは、人間である以上、当然のことであるのです。それはそれは、ごくごく当然の行為であるのです。それすらできなくなったということは、深い深い後悔の下に、今、われわれの環境を、世界を、時代を、人々を見てゆかねばならんということであります。

そうして、信仰といわれているものは、一言で分かりやすく言い換えるとするならば、この「神を愛する」ということに尽きるのであります。神を愛するがゆえに、親なる神の持っておられるところの素晴らしいその思いを、性格を、性質を受け継ごうとするわけなのであります。

そして、それは、単なる惑わかしや思い込みや、そんなものではありません。厳然たる事実の下に、行われて当然のことを行うという、ごくごく、合理的とも言ってもよい考え方の下にある行為が、この「信仰」なのです。私たちの、創られた「この世界の成り立ち」「人間の生命の成り立ち」、こうしたことを知ろうとし、知って、知った上で、その本来の成り立ちに基づいた生き方をしようとすること。これは、まことに筋の通った生き方であるのです。これは、この上なく合理的な生き方でもあるのです。

にもかかわらず、「人間が偶然に生まれ、偶然に育ち、偶然に動物から人間になり、そして、偶然に自分たちの子孫を残している」、そういう思想に毒されてはなりません。

霊的世界を日々実体験している者だからこそ言えることとは

あらゆる講演会において、私が何度も何度も繰り返して言っていることでありますが、「人間が魂を有しており、そして、霊としての、存在としての己が、本来の姿である」ということは、みなさまを道徳的に導いていくための〝方便〟として考え出された内容ではないのであります。

それは事実であって、その事実は百パーセント以外にありえないのです。「五十パーセントだけ霊的世界がある」とか、「自分の本質が魂であるということが五十パーセントとか、六十パーセント、七十パーセント、八十パーセント、九十パーセント、九十九パーセントだけ事実である」とか、こんなことは絶対にありえません。百パーセント以外にないのです。

それは、現実にその世界を知り、実体験し、日々確認している者にとっては、疑う余地はゼロであるのです。私はこれを保証いたします。

みなさまがたに問う。そうした「霊的世界がある」とか「あの世の世界がある」とかいうようなことは、こんなものは迷信（めいしん）だ、勘違（かんちが）いだ、思い込みだ、方便だと、こういうふうに思う心があるかもしれないけれども、では、みなさまがたに言おう。

みなさまがたは、「水の成り立ち」を聞いていて、「水は水素原子二つ、酸素原子一つでH_2Oとして出来上がる」と聞いているでしょうが、そんなのを自分の手で確かめたことがありますか。大昔に化学の実験でしたような気がするかもしれないけれども、自分自身、それを、材料を集めて実験したことがありますか。どれだけの方がそれをしましたでしょうか。あえて言わせていただきますが、そうでもないけれども、それを信じているでしょう。

この〝信ずる〟とはいったい何だ。

それは、「かくすれば、かくのごとき結果が起きる」というようなことを、他の人が実際に実験してみせた、経験してみせたということを、その人がまさかそんなことで世を惑わす必要もないであろうから、そして、自分もそれが合理的だと思うから、受け入れているのでしょう。

したがって、私が今、「あの世の世界があり、霊界があり、魂は百パーセントある」と言っているのはこの実験と同じであり、実験者は、それを実験して、確認して、確認し続けることが日々できるということを、「これは事実である」と言う以外に、ほかに言う術はないのであります。これは、「摩訶不思議な世界を信ぜよ」と言っているのでもない。みなさん自身が、現にそうした存在であるのだということを言っているのです。

これが、幸福の科学が「科学」でもあるところの理由であります。

なんと、この「信仰」という言葉は「科学」という言葉に近いことでありましょう。それは事実そのものだ。「それを認めることによって、すべては出発する」と言っているのです。

物事の成り立ちには、原子があり、分子があり、そんなものがあると、みなさんは聞いているでしょうが、このなかに確かめた人などほとんどいないはずです。それでも信じている。「それで成り立っている」と言っている。

では、「霊がある」と言ったら、信じるのか信じないのか。これは同じようなことなのです。やはり、それを科学している人は、現実に探究している人は、「確実なるもの」としてそれを確認しているわけであるのです。

ですから、みなさまがたは、今の時代がいかに軽薄な愚かしい言説に満ち満ちていようとも、そのようなものに心を惑わされてはなりません。

そして、「人間の本質は霊であり、あの世の世界というものがあり、あの世の世界というものは、現に探究してみるならば、神近き高級存在というもの、高級霊たちというものがあり、神というものがおられる。そして、人間を創り、世界を創ったのだ」ということを知るのであります。

それはそれは、一時期にその事実を受け入れることは難しいかもしれないけれども、繰り返し繰り返し、人類の歴史において起こってきたことであったのです。

2 伝道者としてあるべき「無私なる心」

さて、今、最も基本的な事実についてお話を申し上げました。「伝道は、まず、神というものを認める、信ずる、ここから始まる」というお話をいたしました。

そうであるならば、次に、この伝道に取り組むべき私たちの姿勢に、当然、あるべき姿があるわけであります。そこにはまず第一に、「無私なる心」、これが必要なのです。「無私である」ということは、「欲得をもってやらない」ということなのです。

「欲得をもってやらない」とはどういうことか。すなわち、この「道を伝える」ということが、みなさまがたにとって、例えば、「他の人々に認められる」とか、あるいは「自分自身の単なる自己満足である」とか、こうしたものに基(もと)づいてなされることであっては相成(あいな)らんと言っているのであります。

なぜなのか。それは、私たちが伝えようとしているところの、この神の熱い思いというものは、限りなく純粋(じゅんすい)なものであるからです。

この限りなく純粋なるものを伝えるところの私たち自身が、もし、不純なもので満ちていたならば、その〝不純なる通路〟を通って現れてきたるものは、いかなるものでありましょうか。これを考えていただきたいのです。

もし、その水源地の水が澄(す)んだものであったとしても、それが流れてくるところのそのパイプが汚(よご)れており、いろいろなものに染まっており、赤錆(あかさ)びたものであったならば、出てくる水はとても飲めるものではありません。

これは極(きわ)めて大事なポイントであるのです。みなさまがたに知っていただきたいのです。まさしく伝道期に入ろうとしているときの今であるからこそ、あえてあえて言っておきます。

「水を流せばそれでよい」と言っているのではないのです。「〝清純な水〟を、清純なままに流さねばならん」と言っているのであります。

これをなさなければ、たとえ、砂漠を歩き続け、喉の渇いた旅人であっても、その水を飲むことはできなくなってしまいます。それほどまでに求めている人であっても、「さあ、求めていたその水が、今、目の前に出てきた」と言っても、その水が飲めないことになってしまうのです。

これは、伝道ということの本来の精神からいくと、はるかにはるかに遠い行為になってしまいます。いや、むしろ、喉を潤さんとした旅人にとってみれば、「自分は水を求めてその一杯の水を飲んだのに、この水がこんなにも濁っていたのか」ということになれば、水そのものを飲むという行為さえできなくなってくるのではないでしょうか。それをさえ疑うのではないですか。あるいは、オアシスを、水源を、それが豊富な清純な水に満ちているものであるということを信ずることすらできなくなってくるのではないでしょうか。

さあ、それがはたして伝道でしょうか。とんでもないことになります。まったく逆のことをやっていることになるわけであります。

しかし、一度、その〝苦い水〟を飲んだ人は、その苦みを忘れるのはそう簡単なことではないわけなのです。一度、その〝腐った水〟を飲んでしまったら、次の一杯はそう簡単に飲めない。誰に勧められても飲むことができなくなります。

「いや、前に一度飲んだけれども、大変なものだった。むしろ、それならば、喉が渇いて死んでいくほうがましだ」と言われるかもしれない。そんなことを言わせるようであってはならないわけです。

私たちの教えが出ているところの神のその貯水池に溜められたこの水が、清冽で、おいしくて、透明で、本当に素晴らしいものであればあるほど、いや、現にそうであるからこそ、私たち、その水を流していく者たちは、ここに大変な使命があるということに気がつかねばならないわけなのです。これは大変な使命であるのです。この美しい水を美しいままに伝えていくということは、大変な使命であるのです。

そうであるからこそ、私はみなさまがたに、「学習」と「伝道」が一体化したものであると語っているわけなのです。自らを日々修めながら、自らを日々磨きながらやってこそ、伝道というものは光に満ちてき、透明感に満ちたものになってくるわけなのです。だから、「その片方だけというものがない」というのは、このことを言うのです。

伝道は、どちらかといえば、私たちの教えであるところの「愛」と「知」と「反省」「発展」で言えば、「発展」に相当すると考えられる方もいるでしょう。「愛」に相当するとお考えの方もいらっしゃるでしょう。

しかし、「知」、また「反省」も大事であります。そのつど、そのつど、自分のパイプが詰まっていないかどうか、自分が流す水が濁っていないかどうか、これを点検せねばなりません。そして、この水は、毎日毎日の点検を必要としています。一日一日の点検が必要です。

毎日毎日、その水が清純であることを確認していかなければ、ある日、思いもしない泥水が流れていても、それに気がつかずに、その泥水を飲んだ人は、あとが大変なことになっていくわけなのです。

かといって、私は、伝道を非常に難しいものだというふうに、みなさまがたに考えてほしくないのです。そう難しいものではないのです。

なぜならば、もとなるその教えそのものが、神近き高級霊界からストレートに降りてきているものであります。そして、それは現に書籍となり、さまざまな目に見えるかたちとなって、誤解を許さないかたちとして出ているものであるのです。

それゆえに、難しさというものは、そう多くあるわけではありません。要は、そうした真理を伝えてゆく際に、「その『伝える』という行為そのものが、みなさまがたの魂の向上になるようであってほしい。その『伝道』そのものが、みなさまがたの修行になるようであってほしい」と、こう願っているということなのです。

3　伝道をする際の「魂の磨き」について

「忍耐」――黙々と教えの種子をまき続ける

　では、その伝道は、魂の修行として、どのような意味を持っているのでしょうか。これを考えてみたいと思います。伝道をする際に、どのような魂の磨きが、そこにあるのでしょうか。

　私がまず第一に挙げたいこと、それは、みなさまが考えていることとはおそらく違うでしょう。伝道に際して、第一番に大切な心は「忍耐」であります。

　この伝道というのは、物を道行く人に売っているようなものではないのでありま す。それは、本当に忍耐を要するものであるのです。今まいた種が芽吹くのに、十年かかることもあります。今世において芽吹かぬこともあります。来世に持ち越すことさえあるのです。それでも、「種をまき続けること」が必要であるのです。

私たちは、神より数多くの優れた〝麦の種子〟を頂きました。両手にいっぱいあります。それほど多くの種子、それは「教え」と言ってもよいでしょう、その麦の種子を頂きました。そして、麦をまかねばならぬ時期が来たわけです。

その麦をまいても、ある麦は岩の上に落ちて実を結ばず、ある麦は大地に落ちたが、大地が痩せていたのでまた実を結ばず、ある麦は、水のある所に落ちたが、水が多すぎて今度はまた実を結ばず。そして、限られた少数の麦が見事な大地に落ちて、やがて実を結ぶ。一粒の麦が、百、二百、三百、四百という粒をつけてくるわけです。

数多くのまかれたこの種子は、一見、駄目になったように見えるかもしれませんが、「数多くまかれ続けた」という行為があって、そのなかに最適の地に落ちるものがあり、最適の地に落ちて、そして、実ったものは何百という数字になります。

そう、一つのものが一つにならず、一つのものが数百となって、たわわな穂になるわけです。

ですから、他の所に落ちて実を結ばなかったものであっても、その結ばなかったものは、十分にその使命を果たしたと言えましょう。「自分たちは恵まれた地に落ちなかったかもしれないが、自分たちの仲間の一粒が、素晴らしい所にたまたま落ちることができて、そして、自分たちの死を無駄にしないで、見事な実りをつけていったのだ」と、こういうふうに彼らも思ってくれるのです。

この世においては、この「種子をまく」という行為と「刈り入れ」という行為は、わずか一年のうちに起きてまいりますけれども、精神の世界においては、これは一年では起きないことが数多くあります。

一年で、いや、半年で、三月で、一カ月で、一週間で、一日で、それが実るためには、十分な条件というものが必要です。土地がよく肥えており、最適の水があり、そして、またそれがすくすくとその茎を伸ばし、実りをつけるだけの自然の恵みというものが、その後に必要であります。しかし、そうした条件が必ずしも揃わないことはよくあります。

ですから、みなさまがたに知ってほしいのです。この岩の上にまかれた麦、荒れ地に落ちた麦、川のなかにまかれた麦、こんな麦を見て、「ああ、自分の伝道は無駄になった」と思って嘆かないでよい。必ず、それは無駄にはならない。

自分には、どこがいちばん、その麦が生るのに最適の地であるかは分からないけれども、その「種をまく」という行為を続けていくことにおいて、必ずや必ずや、成果はやがてあがってくるものであり、その途中において、忍耐ということが非常に大事であるということを知らねばならぬということであります。

「忍耐」ということで、さらに話を続けるならば、私の書物にしてもそうです。数多く出しておりますけれども、それが出されたときに、すぐに読まれる方あり、出されて一年たって読まれる方あり、三年、五年たって読まれる方あり、同時代に生きておりながら、ついにお互い知ることなく、この世を去っていかれる方あり、来世に生まれ変わって初めてその本を読む方あり、外国に生まれて初めて翻訳でその思想を知る方あり、さまざまであります。

しかし、そうした時間の流れを耐えるということを出発点にしないかぎり、伝道ということは実らないものであるのです。

ですから、みなさまがた、どうか短気は起こさないでください。短気は起こしてはなりません。これから伝道しようと決意したならば、もちろん、運動としては、一カ月、二カ月の運動もございますけれども、決意の段階においては、それは五年、十年、二十年、三十年といったものなのです。それだけの覚悟を固めてゆかねばならないのです。

目先のことだけにとらわれてはなりません。目先の成功・不成功、こんなものにとらわれてはいけません。黙々、黙々、黙々と、種をまき続けることが大事であります。

「愛」――自分の使命を深く自覚して、愛を与える

この「種をまく」とは、いったいいかなることでありましょうか。それはずいぶん内容のあることです。「種をまく」といっても、一様ではありません。ずいぶんその内容はあります。

簡単なこととしては、書籍やＣＤとか、あるいは入会の勧めをしたりと、目に見えるかたちでの種まきももちろんございますが、いちばん大事な種まきは、「みなさま自身の心から、日々、神の光が出続けている」ということなのです。これが大事なことなのです。日々、みなさまの心から神の光が出続けているということが、これが大事なことです。

愛というものが、自らの体から吹き出し続けているということが、非常に大事なことであるのです。この「愛の波動」が、大きな大きな仕事をするのです。

今日、あなたは、何人の人に愛を与えましたか。

何人の方に優(やさ)しい気持ちで接しましたか。

優しい態度を示しましたか。

何人の方に「今日はいい日だ」と言われるようなことをされましたか。

そう問われるときに、どれほどの答えが返ってくるでしょうか。

種まきの原点は、実はここにあります。みなさまの心から、神の光を放つということ。

そして、種子の最たるものは愛であり、愛をまき続けるということが、具体的にはいろいろな行為となって表れてくるわけだけれども、その前にまず、愛というものが、自らの内から外へと流れ出してゆかねばならないのです。

これが非常に非常に大事なことであるのです。

私たちは、何のためにこの地上に生まれてきたか。

それは、愛を与えるために。

この世の中を愛するために。
この世の中に生きている人々を愛するがために。
では、なぜ。
そう。
この世の中も、人々も、神の創られたものだから、
神の子である自分は、その世界を愛するのである。
神が人々を生かし続け、また、世界をあらしめ続けているのは、
人々が、世界が、あり続けることが「素晴らしいことだ」と、
思っておられるからだと考えられるわけです。
にもかかわらず、
そのなかに悪の種子を見いだし、
そのなかに醜(みにく)さを見いだし、
苦しみを見いだしてきたのはいったい誰(だれ)であったか。

それは、親の心を知らぬ私たち人間であったのではないのか。
神は、この世界を創られたときに、
よしとされた。
素晴らしいとされた。
人間よ出でよ。
世界よ出でよ。
宇宙よ出でよ。
地球よ出でよ。
それは素晴らしいことであると思われた。
親なる神が「素晴らしいことである」と思ったこの世界を、人々を、
悪しきものと思い、邪悪なものと思い、
醜いものと思い、苦渋に満ちたものと思うはいったい誰であるか。
それは、人間心のなかの迷いであろう。

私はそう思います。

このように、伝道の根本は、人間として生まれたところの目的そのものに付随するわけで、その目的とは、「愛を広めること以外にない」わけであるのです。これが伝道の肝心なところです。

最初に「忍耐」の話をしました。次に、「伝道の中心は愛を与えることにある」という話をいたしました。これが分かっていただくと、次第しだいに、なさねばならぬことがいったい何であるかということが、見えてくるようになってまいります。

今、私たちも、一つの団体をつくり、この教えを広げていこうとしております。この教えを広げていこうとしているその心の底にあるものは、何であるか。それは世の人々を愛する心そのものであり、この愛に偽りがあるならば、われらの伝道は偽物になります。

愛に偽りがあってはなりません。「多くの人々を真に幸せにする」ということを決意し、それを透明な心でもって遂行してこそ愛の実践になるわけで、この愛に嘘があれば、すべてが無駄になります。〝まかれた種子〟も駄目になります。〝届けられた水〟も駄目になります。すべてが駄目になってしまいます。その出発点が深い深い愛の思いに発していることを忘れてはならないと思うのであります。

よいですか、みなさま。

根本のところを、どうか忘れないでいただきたいのです。

それは、深い愛の思いに裏打ちされなければならんということであるのです。

そして、みなさまがたが、

いかほど、この愛の思いに強く突き動かされるかということが、

これがみなさまがたの目覚めそのものであるのです。

純粋な愛の思いに突き動かされる。

それが己の功名心とか、自己顕示欲とか、損得勘定とか、

こんなものによって出ているうちは偽物です。
もっと深いところから愛の思いが吹き出してきてこそ本物であり、
この深いところから吹き出してくるところの愛の思いは、
その人の悟（さと）りの深さそのものを意味しているのです。

悟りの深さとは何か。
それは、己自身の使命の自覚であります。
自分自身の使命を、あなたは自覚しているか。
己の人生を何と見る。
己の魂を何と見る。
この世を何と見る。
神を何と見る。
それを知ったときに、

深い深い自覚に目覚めてくるはずです。
吹き出してくるものがあります、
魂の底から。

すなわち、愛の基にはまた悟りがあり、
「悟りから愛へ、愛から伝道へ」と、
この流れは流れてゆくわけなのであります。
それが、「探究・学習・伝道」といわれているものの、
順序そのものでもあるわけなのです。

「永遠の生命」——人間の「強さ」の根源となる真実に目覚める

しかして、さらに私は言葉を継いでゆきましょう。「あなたがたは恐れてはならない」ということを言っておきたいのです。恐れてはなりません。

最初に言いましたように、あなたがたの生命は、この地上的には数十年の有限なものでありますけれども、本当の命は死ぬことができないのです。〝終わりがないもの〟として創られているのです。

嘘や冗談でこんなことは言いません。この世を去っても、あなたがた自身の個性は継続してゆくのです。あの世の世界において、さらに来世に向かって継続してゆくのです。

この「永遠の生命」ということを知っている人にとっては、恐れることはただ一つであり、「自分が間違った考えの下に生きていく」という、このこと、これ一点であります。

正しい思いの下に、正しい考えの下に生きているときに、この「永遠の生命」を持つ個性は、恐れというものはないのであります。真実の方向に目覚めて生きてゆく際に、恐れというものはないのです。

これが、過去、現れたるところの偉大なる宗教者たちの強さの根源であります。

日蓮然り、ルター然り、サヴォナローラ、いろいろな方がいました。イエス・キリスト然り、エレミヤ然り、イザヤ然り、いろいろな人たちがいました。彼らの強さは、この「永遠の生命」ということに真に目覚めたという強さであったのです。

だから、彼らには、この世の生命というものが、この世の生きやすさというものが、そのわずか数十年の名誉心や執着というものが、取るに足らないものに見えたのです。そして、「本当に大事なもののために生きなければならない」と思ったのです。

あのイエス・キリストにして、この世的なる伝道には、はっきり言って失敗したと言ってよいでしょう。弟子たちの多くも失敗したと言ってよいでしょう。この世という意味においては。同時代という意味においては。

しかし、その死は無駄ではなかった。

その時代において完成を求めること以上の大きな成果を、その後、二千年にわたって生み続けてきたわけです。一粒の麦が死んで、たわわな実りをつくっていったわけであります。

その孤独と迫害と不安に耐えながら生きていく、その人間の強さの根源を知っていただきたいのです。

それを見て、「変わった人だ」とか、「よくあんなふうに思い込めるものだ」とか、冷笑するのは簡単です。笑ってのけることは簡単です。しかし、それは最も偉大なる者を軽蔑していることと同じであります。

大なる者は小なる者によって、よくそのようなことをされます。批判される者よりも批判する者のほうが小なる者であることは、世の常であります。

あなたがたは、他の人々のそのような批判を恐れてはなりません。

キリストより大なる者はないのに、キリストほど嘲られた人もいないでありましょう。さすれば、あなたがたは、そのような批判に断じて怯んではなりません。

「情熱」――透明な心であるがゆえに、ほとばしり出てやまないもの

伝道は、かくのごとく、「忍耐」に出発し、「愛の本源」を究め、さらに「永遠の生命」を知るに至って、「強さ」を要求するようになってまいります。

そして、その後に来るものはいったい何であるか。強さの後に来るものはいったい何であるか。

そうです。それこそが表面的に、いや、第一義的には、みなさまが伝道において最初に知られるところの、感じられるところの「情熱」というものでありましょう。単に「情熱が大事だ」「伝道は情熱だ」と言うけれども、その情熱の前提にあるものは、まず「忍耐」であり、「愛を与える思い」であり、「永遠の生命の自覚」であり、そして初めて、「情熱」が目に見えるかたちとなって噴出するのであります。

この過程を経ていない人間の情熱は、極めてもろいものであります。それは先ほどから言っているところの功名心というもの、手柄心というものと表裏一体をなし

ています。こうしたものはもろい。

「功名心」を「情熱」と勘違いする人は、いつの時代にもおります。いつの時代の伝道期にもおります。〝功名心即情熱〟と思う人はいる。しかし、これは必ず矛盾が出てくることになってくるわけであります。

「透明な心で、どうして情熱が出るか」と思うかもしれませんが、透明な心であるがゆえに、情熱はほとばしり出てやまないものとなってくるわけなのであります。

4 「最高の人生」を生きるには

さあ、これから具体的な話が残りましょう。「では、どうせよと言うのか」と、みなさまがたは私に問うでありましょう。

本日お集まりのみなさんは、大部分が幸福の科学の三帰誓願者、入会者でありましょう。一般の方は数少ないというふうに、私は伺っています。（注）

けれども、この伝道に関しては、本当のことを言いますと、私は、「三帰誓願者になって初めて、この伝道の味わいが分かるものである」というふうに感じています。なぜならば、私たちのこの仕事は、この世的な営利事業の拡張と全然違うからなのです。その本質において、本当に「使命感の自覚」というものがなければ、まったく虚しいものになっていくからなのです。

「三帰誓願者」とは何か。

己の正しき心の探究をしている人たちです。己の正しき心の探究をし、幸福の原理を探究している人たちです。そして、この世においては、幸福の科学の会員としてその姿を現しておりますが、その実体は、神の光の――、そう、「光の戦士」たちであります。光の直系であります。

幸福の科学の三帰誓願者になりますと、『正心法語』という一冊の経文を与えられますが、みなさまがたは、その『正心法語』という経文の本当の意味というものは、まだお分かりになっていないのです。

これは本当に、あの世の九次元世界、あるいはそれ以上の世界と一本でつながっているのです。それだけのものなのです。霊視しますと光の塊に見えます。

昨日、東京を出てくる際に、新しいかたちの『正心法語』

『The True Words Spoken By Buddha』（宗教法人幸福の科学刊）

『仏説・正心法語』（宗教法人幸福の科学刊）

ができたので、私はそれを手に取ってパラパラとめくってみました。ページをめくってみただけで、そのなかから風が吹いてきますが、その風からは光そのものが出てくるのです。そこから出てくるものは光です。読むのではなく、ページをめくっただけで、そこから出てくるものは光です。神の愛です。温かいものが突き抜けていきます。内容を読むのではなく、それを持っているだけで。

それがいったい何を意味しているか、みなさまがたは知らねばなりません。それは、「そこに生じたものが、神との契約である」ということであるのです。神との契約であるのです。

「確かに、私は、神の子としての自覚に目覚めました。そして、神より、直系の子として光を頂いております」という、この契約であり、「その光を頂いているがゆえに、われらは、神のその目的をこの地上に果たしていくしかありません」ということであるのです。その際に、責任逃れすることなく、雄々しく己を改善しながら、この世の中を善と変え、光と変え、ユートピアと変えていく、この世の中を愛に満ちたものに変えていくという誓いであるのです。

こうした人は、一人でも多いに越したことはありません。九州の地には、すでに一万数千人の会員がいますが、まだ三帰誓願者は一割程度というふうに聞いております（説法当時）。

そう、入会者になられた方は、それで真理の縁を得て、学習が進むという、たいへん素晴らしい環境にあるけれども、まだ〝もう一皮〟が剝けておりません。それは、本当にいちばん大切なものにまだ目覚めていないということであるのです。

どうせ数十年の人生を生きるならば、神様がいちばん願っておられることに生きるのが、「最高の人生」であります。それは、この世的に見ても素晴らしい人生になると思います。たとえ、みなさまがたにどのような浮き沈みがあろうとも、人々からの毀誉褒貶があろうとも、みなさまがたの心のなかにはいつも光が満ち、そして幸福感に満たされ続けていることを、私は保証することができるのであります。

内村鑑三という方がおりましたが、この内村鑑三という人の人生を見たときに、みなさまがたは何と見る。この世的な彼の人生そのものは、悲惨な連続でありましたけれども、今、天において最大なる者の一人となっております。

「この世において嘲笑われ、小さな者とされる者が、あの世において大きくなる」と言うが、それは単に小さな者が大きくなるというだけではありません。この世において「小さくなるという者、小さく見られる者」という者は、「この世的な値打ち、この世的な評判・評価、こんなところから最も遠い人間であった者が、実は、あの世において最大の者になる」ということを言っているのであります。

みなさまがた、神の心に反したところのこの世の価値や秩序、こんなものに惑わされてはなりません。

真の意味での〝大きなる者〟に、〝大なる者〟にならんとするならば、つまらぬ利害とか、欲得とか、名誉心とか、こんなものをかなぐり捨てて、たとえ、この世的に見たならば、いかに〝小人〟と、〝小さな者〟と見えようとも、「われ、意に介せず。われはこの信念の下に生くるなり」という、そういう気持ちで生きてほしいのであります。

それを分かってくださったならば、今日みなさまにこの場に集（つど）っていただいた意味が、そこにあると思うのであります。

ありがとうございました。

（注）本法話が収録された当時は「正会員」「誌友会員」制度が取られていたが、現在は「三帰誓願者」「入会者」制度に移行している。巻末の「入会案内」参照。

第5章

人生修行の道

一九九〇年九月三十日　説法

愛媛県・愛媛県県民文化会館にて

1　幸福の科学の出発点にあった事実とは

大変な悪天候の下、ずいぶんいらしてくださいまして、まことにありがとうございました。「（聴衆は）半分ぐらいかな」と今日はさすがに考えていたのですが、「みなさまの菩提心は、やはり、雨風に負けるようなものではなかったのだな」というふうに思った次第です。「フェリーも止まった」と聞きました。泳いで来た方はまさかいないと思いますけれども、「使える交通手段で、何とかして来られたのであろう」と、そういうふうに思っております。

四国では、去年、今年と講演会をやっております。交通の便はみなさんにとってはちょっと悪いのですけれども、「（幸福の科学）発祥の地でもある」ということで、特別に、こういうかたちでやらせていただいているわけなのです。

物事には何事も「最初」というものがございます。「その最初の部分が、いったい、どのようなものであるかということを、しっかりと知る」ということは、大事なことなのです。

「物事の始まりを知る」ということは、やはり、自分自身を知ることであり、自分たちを知ることであり、自分たちのこれからの未来を知ることに必ずつながっていくのです。

いろいろなことをみなさんも考えておられるでしょうし、やっておられましょうけれども、途中で迷いが出てきたりすることがあると思うのです。

そういうときには、少し、いろいろなことを迷うのをやめて、原点に戻ってみるのです。「そもそもの始まりは何であったのか」ということに、いつも回帰してみるといいのです。そうすると、いろいろなふうに迷っていたことが、わりあい、すっきりと見えてくることがあります。

これは私自身も同じであります。現在、幸福の科学では多様な活動をやっておりますし、また、教えも多種類にわたっていて、さて、そのなかでいったい何が大事であるのか、やっている私たちも、またみなさんがたも、時折分からなくなることがございます。そういうときには、もう一度、いちばん最初のところに考えを戻してみるのです。そもそも、いったい何であったのか。そもそもは何であったのか。そうしてみると、一九八一年の三月に霊現象というものが起きて、最初は日蓮聖人の霊言あたりから始まってきて、幾つかの霊言が出されて、それから事務所が開いて、幸福の科学の運動が起きてきました。この間に、みなさんに「探究」を呼びかけたり、「学習」を呼びかけたり、また「伝道」を呼びかけたり、いろいろなことをしてきたわけです。

でも、出発点は何かというと、やはり、そうした、この世ならざる奇跡にも似た事実があったということです。そして、そうした「高級霊界からの霊示」というものは、これははたして、自分で求めてそういうものを得たものであるかというと、そうではなかった。そういう出発点がございました。「私にとってはまったく予想していなかった事態であり、自分の人生が急転換すべき事態でもあった」と、そういうふうに思っているわけです。

それからもう十年近くたっているわけですけれども、その間、私自身も自己検証といいますか、自分でいろいろなことを確認してきましたし、当会、団体としても、やはりいろいろなことを確認しながらやってきたわけです。

それは、一面から見ると、「神を信ずる。神仏を信ずる」という信仰心からいくと、残念ながら、「それをやっている私たち自身に、極めて弱いものがあった」ということ自体は認めざるをえないと思います。

反面、それだけ慎重に慎重に事を進めてきたことで、「この世の中でかなり良識を持っておられるみなさまがたにも、受け入れられるようになってきた」という事実も、また見逃せないと思います。

ただ、そういう選択を取ってきたがために、スタート時からエンジンがかかってくるまでにずいぶん時間がかかったことは事実であります。時間がかかったがゆえに、ようやく遅まきながら大伝道期に入ってきて、その伝道期に入ったときの〝アクセルの踏み込み〟にはかなりきついものがありますから、あちこちでみなさまがたが大変な思いをされていることも、また事実でありましょう。

すなわち、本来であれば、一九八一年から現時点、九〇年までに到達しなくてはいけないところがあったとすると、八一年から九〇年まで、これで直線を引きますと、その角度というのがあるはずなのです。四十五度の角度か、六十度か、三十度か、十五度か、それは分かりませんが、一九九〇年に到達すべき点がたぶんあったのだろうと思うのです。

それまでに八一年からの角度があったはずですが、私たちの場合、このスタート点からが直線ではなかった。限りなくゼロに近いところから緩やかに、円にも似て少しずつ上に上がってきて、最後でキューッと上がってきているわけです。これで何とか九〇年に追いつこうとやっているわけです。

だから、少々、息も上がってくることがあるけれども、これは〝サボった〟責任でありますから。夏休みの宿題をサボったら、八月の末に苦しいのは当然のことなのです。しかし、「新学期」というのは必ず来るものですから、これから逃れることはできない。そういうことであろうと思うのです。

そして、その「新学期」というのが何であるかというと、来年以降、一九九一年以降、私たちが「ミラクル計画」と呼んでいるその時期が〝新学期〟だろうと思うのです。

今、「サンライズ計画」と言っている、八九年から九〇年にわたったこの「日の出計画」――「真理の太陽を昇(のぼ)らせよう」という運動が、夏休みの最後の追い込み、「宿題を片付けよう」という段階に当たっているのではないかというふうに思います。

思えば、もう十年近い歩みがあったわけです。八一年に霊現象が起きてから、実際にこの世の中に書物のかたちで出たのが八五年の夏ごろで、一冊出ましたでしょうか。そして、八六年の十月に小さな事務所を開いて、本格的には八七年の春から始まったと。月刊誌が出たのが八七年の四月ということであるわけですから、ずいぶん遅かったわけです。

その間、何をしていたかと申し上げますと、「私自身がかなり自己確立をやっていた」というのが正直なところであるのです。正直なところはそういうことで、将来必要な知識を得、経験を得、考えをまとめるために、その六、七年がかかっていたわけです。

その分、後(おく)れを取ったことは、私の責任として、もう、やむをえないことであるから、受け止めるしかありませんが、逆に、後れて出た分だけ、試行錯誤(しこうさくご)的な面はかなり少ないであろうと思うのです。それが、これから先の発展の速度にたぶんなってくるであろうというふうに考えているわけなのです。

2　幸福の科学が示している宇宙観とは

最初の『日蓮の霊言』のときに、日蓮聖人は霊示のなかで明らかに言っているわけです。「あなたがたが起こそうとしているところの、この運動というものは、古い意味での宗教でもないし、戦後起きてきたところの、いろいろな宗教の、さまざまなものとも違う。これは哲学をも含んだ幸福科学である」ということを明言しておられます。「それをこの世の人がどう定義するかは自由であるが、われらは、これは立派なサイエンスだと思っている」と(『大川隆法霊言全集 第2巻』参照)。

この世で「科学」といわれているものは、わずかに、この三次元の世界――、三次元というのは私たちが生き

『大川隆法霊言全集 第2巻 日蓮の霊言』(宗教法人幸福の科学刊)

ている現実のこの世界ですが、この箱庭のような世界のなかを研究・探究しているにしかすぎない。

しかし、それは、高次元世界にいる、現に住んでいるところの、そうした霊人から見るとどう見えるか、あなたがたはお分かりかというところから始まったわけです。

「本当に、子供が小さな庭で砂場遊びをしている、そういう姿にしかすぎないんだよ。あなたがたは、例えば瀬戸内海に橋を架けたり、飛行機を飛ばしたり、いろいろなことをやっているけれども、それは、上のほうから見たら、箱庭の世界のなかで、スコップで山をつくったり谷をつくったり、マッチ棒で橋を架けたりしているのと一緒なんだよ。宇宙の広さを測っても、それは箱庭の大きさを測っているのと変わらないんだよ。アリがその脚の幅で測っているのと変わらないんだよ。そういう世界なんだよ。だから、三次元世界、あなたがたの住んでいる世界とわれらがいう世界というのは、もう比較にならないほど違いがあるんだよ」ということなのです。

それは、たとえてみると、東京ドーム、〝ビッグエッグ〟というのがございますけれども、三次元世界というのは、あの東京ドームのなかのサッカーボール一個分ぐらいのものなのです。私たちの目に映るところの、三次元のこの大宇宙といわれるものの存在がサッカーボールぐらいのものであり、それを取り巻くところの東京ドーム、あの大きな球場に当たるのが、私たちがこの地球にいて霊的世界に目覚めたときに見える霊界宇宙で、〝ビッグエッグ〟みたいなものなのです。

しかし、その霊界宇宙も実は一つではなくて、いっぱいあるわけです。球場が、ちょうど、東京ドームだけではないように、日本の各地に球場があるように、いろいろなところにそういう霊界宇宙があって、そのすべてのところに出入りできる人は、まだ数は少ない。地球のなかでは非常に少ない数の人しかいませんから、みなさんは、このドームこそが霊界宇宙であるというふうに考えています。

そのなかのサッカーボールの中身を探検している。サッカーボールの空気のなかに入りまして、探検しているわけです。

「宇宙には果てがあるのかないのか、分からない」とおっしゃる。それはそうでしょう。サッカーボールのなかを歩いてごらんなさい。果てがないでしょう。果てがないけれども、限界があります。それはみなさんも分かるでしょう。ボールというのは大きさが一定です。しかし、なかを歩いてみると果てはありません。どこまででも歩けます。しかし、限界がある。

これが、まさしく、私たちの住んでいる、この三次元宇宙の姿であります。

こうしたかたちで、サッカーボールのようなかたちでのこの三次元宇宙というのは、私はよく見ることがあります。霊体験としてそれを見ることがよくあります。そのときには、尺度というのが非常に違ったものになっていて、私たちの感じる大きなものは、ほんの一点のような尺度、小さい小さい尺度でしか見えません。

その大きなスケールでの宇宙観というのは、残念ながら、まだまだ不立文字(ふりゅうもんじ)、文字によっては語ることができない領域にあります。しかし、「さまざまなたとえ話や説明の仕方で、みなさまにも少しでも感じ取っていただこう」というふうに思って、やっているわけなのです。

では、なぜ、そういうことを言うのか。「私たちは目覚めなければいけない」ということです。みんな目に鱗（うろこ）がかかっている。本当はサッカーボールぐらいの世界のことを見ているのにもかかわらず、これを果てのない広大なもののように見ている。

そのなかで人間が「してやったり」と、「こんな科学を持っているのだ。こんなロケットを飛ばしているのだ。すごいのだ」ということでうぬぼれているわけです。現実にはうぬぼれている。大きな目、神の目とまで言わずとも高級霊人たちの目で見れば、サッカーボールのなかを歩き回ったり、飛び回ったりしているぐらいの世界なのであり、真っ暗闇（まっくらやみ）、真っ暗のなかを何も分からないで動いている。これだけなのです。この基本的な認識を知るということは大事なことです。

3　人生を最高のものとするために必要な態度とは

「肉体に魂が宿り、人生修行をする」という事実について

みなさまがたに、そう厳しい話を私はしようと思っているわけではありません。かく言う私自身も、そうした高級霊の霊示というものが降りてくるまで、「あの世」のことは信じていたし、「霊というものが存在する」というのも信じていたし、「自分が死んだあとには、あの世があるのだろう」ということは信じていたわけだけれども、現実というものは実に本当にリアルで厳しいものであって、まざまざと見せつけられると、疑いを入れないものがありました。もう、それは疑いを入れないものなのです。

なぜあるか、それがよいものか悪いものかというようなことを抜きにして、「現

に、これがあった」ということ、そして、「昔から話には聞き、活字では読んだことがあるけれども、あの世の世界というのは現実にあって、自分も、死ねばその世界に還っていくのだ。いや、還っていくだけではない。赤ちゃんとして、赤ん坊で生まれてきたときに、実は、その世界から、本当に肉体に宿って出てきたのだ。これを実感として知った」ということは、明らかに大きな驚きでありました。

みなさまがたも、活字では読んでいるから、「そうだろう」とは思うでしょうけれども、実際のことなのです。あの世から、小さな赤ん坊の体に、魂が宿るのです。その前には大人の意識を持っていた霊が宿るのです、小さなものに。そして、人生修行をやって、六十年、七十年、八十年たって、また還っていくのです。

まことに不思議な世界です。まことに不思議な世界であるけれども、それが事実であるのです。これは事実です。

それは私が言っているだけではなくて、私のような体験をした方は数多くいらっしゃいますから、ほかの方もたぶん同じようなことを言っておられるでしょう。

「洋の東西を問わず、古今を問わず、そういう現実が、そういう事実が述べられている」ということは、「共通体験として、それがある」ということなのです。「理論として、理屈として、たとえ話としてあるだけではなく、外国人であっても、日本人であっても、過去の人であっても、現代の人であっても、同じような体験がなされる」ということは、それが事実であるということの証明にほかならないと思うのです。

そこで私がみなさまがたに問いかけていることは、自分がそういうふうに体験し、知ったことを、単に押しつけようと思っているわけではないのであります。「これは現実なのです。この現実をどういうふうに捉えたほうが、みなさまがたにとって、本当に、本当の意味において有利な人生になると思いますか」と申し上げているわけなのです。

「この世を去るときに後悔しない人生」を生きるためには

「死んだら何もかも終わりだ」と思っていて、死んだそのときから別の世界が開けたら、いったい何が何だか分からないのは、当然のことです。これが大部分の方であるのです。

ところが、生きているうちにそれを知っていて、そして生きてきた方というのは、人生に無駄が非常に少ないし、無駄が少ないというだけではなく、「極めて建設的で積極的な人生観」を持つことができます。

私もそうです。必ず地上を去るときが来るわけですから、もう、そのときのことは最初から想定しているわけです。そのときに、この世を去るときに、後悔しない人生を生きなければならない。

この地上を去るときに後悔しない人生を生きるためには、どう生きねばならないか。これはもう、逆読みすれば、全部、考えついてくるわけです。「こういう仕事をしていかなければ、自分は納得がいかない。これでは浮かばれない。成仏できない」と自分で思うわけです。

それは、かたちは違えども、みなさんにもたぶんあるだろうと思うのです。

「死んで、あの世がある」ということが、本当に事実として、何十年か後に、あるいは何年か後に自分を待ち構えているとしたら、さあ、どうします?

例えば、「あなたは、あと何年の命ですよ」と私が言おうとすれば、言えるのです。本当は言えるのです。指して、「何年です」と。礼儀に反しますから、言わないですけれども、実際はあるのです。

一部の例外で、その人生の長さが変わることもあります。いろいろな事態によって、その人が地上にもっと長くいなければいけない理由が出てきた場合に、寿命は延びることはございますけれども、たいていの場合には、だいたい寿命は決まっていて、死に方までだいたい決まっているのです。「いつごろ、どういう死に方をするか」まで分かっているのです。

それは、そういうふうになっているのです。そうしないと、いつまでたっても、机にしがみつくように、この世から離れないものですから、必ず離れるようにされているわけです。

そのときに、他人事ではなくて、自分がそうなると思ったときに、さあ、みなさん、どうされますか。現在からの生き方をどうされますか。

そう考えると、やはりその間を、いちばん〝いい成績〟と言っては語弊があるかもしれないけれども、今回の数十年を、「限られたテスト期間、この世での魂修行の期間だ」と思うならば、「このなかで最大限の魂修行、勉強をして還りたい」と思うでしょう。

そう思うとどうなるかといいますと、苦難・困難な状況はいっぱいありますけれども、これが怖くなくなってくるのです。苦難や困難と思われる事態、あるいは自分として望ましくないような事態を見ると、逆に肚が据わってくるのです。肚が据わってきて、「よし。応用問題が一つ出てきたな」と考えられるようになってくるわけです。そのときに、ただ漫然と生きている人とは態度が違ってくるわけです。

私もそうです。いろいろな問題が起きてくることはありますが、「これは、今日、私に与えられた問題なのだな」と、「問題集の一ページ」と思って捉えているわけです。「これを解かなければいけないわけだな」と取り組むわけですが、だんだんだんだん、解くのが速くなってきます。いつも、そういうふうに自分のことを考えています。

今、与えられる問題というのは、三年ぐらい前に与えられたらかなり難しい問題であっただろうと思うのに、今、与えられてみると一年も悩む必要はなくて、一日悩めば十分、あるいは、「一日も時間をかけたらもったいない。ほんの、二、三分考えたら、もうあとは考えるのはやめよう」というふうになってきていることがあります。

このようなことはいくらでもあります。一年前の自分、二年前、三年前と比較してみると、たぶん、そうなっているでしょう。それは、魂がやはり前進してきているわけです。前進してきた魂には、前進した魂に向けた、それなりの難しい問題が出されてきます。それを喜んで受け止める心境が大事であるというふうに思っています。

ですから、同じく、「真理を広げる」ということであっても、どうせそんなに長い時間はないわけですから、この間に、どれだけ徹底的に、くまなく、すべての人に、納得いくまでやれるか。これは一つの賭けだし、勝負かもしれないけれども、「やれるところまでやってみようじゃないか」という気持ちがあっておかしくないのです。それが「主体的な人生」だと思うのです。

受け身で、「こういう事態が起きて、こうなりました」という「流される人生」ではなくて、自分からやはり選び取って、「よし。これを最高にしてみせるぞ」と、こういうふうに思って生きたいものだと私は思います。

4　人生修行を妨げる「悪しき霊的影響」とどう戦うか

天上界からの霊指導と悪霊の憑依の影響は、平均的にはどのようであるのか

私はそういう気持ちで生きているわけでありますけれども、しかし、飛行機のなかや電車のなか、あるいはホテルのなか、道を歩いている人など、いろいろな人、私たちの法縁、法の縁に今はまだ直接つながっていない人たち、こういう人たちを見、また、話を聞き、接するにつけても、「なんとまた、その世界観の違うことよ」と私は思うのです。「ずいぶん違ったものの考え方をしているが、本当にこんな考え方で一生を終わっていくつもりなのだろうか」と感じることがよくあります。

そもそも自分の意見なのか自分の意見でないのかさえ分からない人が、世の中にはいっぱいいいるのです。まことに不思議です。

人間には、さまざまな霊というのが、あるときは「憑依」し、あるときは「指導」をしているわけなのです。これは現実にあることで、そうした話もよく聞くことであろうと思います。

その二種類に分かれまして、いいほうの、「指導」をしているもので、本人にいちばん縁のある魂は「守護霊」といいますし、直接は縁がないけれども、役目上、必要があって来る高級霊のことを「指導霊」といいます。こういう守護霊や指導霊というのがあります。

これ以外に「縁故霊」というのがあって、自分の友人、先に亡くなった友人とか、あるいは家族のなかでの二代、三代前でなかなかしっかりした人物がいますと、子孫に援助を送ったりすることがあります。こういうかたちでの縁故霊は指導霊の一種ですけれども、こういうのもあります。

こういう、いい影響を与えてくれる霊もいますけれども、この逆に、「悪霊」といわれるもの、これもそうといいますし、数で見ますと、もう圧倒的にこちらのほうが多いのです。

初対面で会ってみて、「ああ、守護霊がニコニコしている」とか、「この人は天上界から霊指導を受けている」と感じるような人というのは、実際上、十人に一人もいないのです。私が会ってきてみると、もっとパーセンテージは低くて、「百人に二、三人ぐらいいれば、いいほうではないか」という感じなのです。

しかし、逆に、十人に八人ぐらい、あるいはもっと下ろして七人と言ってもいいけれども、七、八人ぐらいは〝悪いほうの影響〟をどこかで受けていることが多いのです。

例えば、ここに三千人の方が今いるとして、聴衆は三千人ではないわけなのです。分かりましょうか。守護霊がついている方ももちろん聴いておられるけれども、〝それ以外のもの〟を持っておられる方がだいたい七割ないし八割ぐらいいるのです。少ない方が一人です。多い方になりますと、グッと多いのです。一人の人間で〝養える数〟というのは限界がありますから、あまりずっとはいませんけれども、多めになりますと、五、六人ぐらいまでくることもよくあります。平均すると、だいたい二人から三人ぐらいをウロウロしていることが多いのです。

そうすると、ここの今日の聴衆は、だいたい一万人ぐらいであるわけです。

だから、私も、いつも「人数のわりに疲れるな」と思うのは、聴いている人が、実際はもっとそれ以上いらっしゃるからなのです。「それ以上いらっしゃるから疲れるのだな」と思っているのです。

全国で、こういうふうに講演会をやって回っていますけれども、私は、そのつど、悪霊をずいぶん〝すっ飛ばして〟いるのです。あちこちで〝飛ばして〟歩いているのです。こういう講演を聴きますと、憑いていられなくなるのです。

今日、この場にいて、後ろのほうで隠れている人は知らないけれども、少なくとも、私の目に見えるあたりに座っているような人で、こういう悪霊が憑いていますと、もうコソコソ、コソコソし始めているのです、先ほどから見ていますと。体が揺れている方もだいぶいますけれども、そうとうコソコソしていますし、通常、一時間は聴けないのです。一時間は聴けないのです。

だから、出口のほうで、ほかの人のところに〝移動〟したりします。そういうことをしますが、その方が悟っている場合には、そこにも憑けなくて、また移動をするというかたちで、だんだん〝宿無し〟になってくるのです。宿無しになってきて、憑いていられなくなるのです。

たいていの場合、〝おなじみさん〟が長く憑いているということが多いわけですが、五年、十年、同じ人がずっと憑いていますと、もう明らかに、性格がどちらの性格か分からなくなってきて、影響が深く出てくるようになります。

いったん、こうした悪霊というのは取ってしまわなければ駄目なのです。いったん取ってしまわなければ駄目です。ときどき帰ってきますけれども、でも、取って、「悪霊が離れた感覚」というのを経験していかないと駄目なのです。

そうしてくると、気分として、非常に明るい気分になったり、久々に雨が上がって空が晴れ上がったような気分、そんな気分になったりします。また、今まで冗談も言わなかったような人が急に冗談を言い始めたり、顔に血の気が差してきたり、こんなことが起きてくるようになります。これが、悪霊が離れた瞬間です。急に顔に赤みが差してきたり、楽しそうな顔になったり、人から「何かいいことがあったの？」とよく訊かれるようになったりするのです。これが、取れたときなのです。おそらく、こういう経験をされる方もいるだろうと思います。

これを私は日本全国でやって歩いているわけです。

憑依霊を取るための〝方程式〟とは

私の講演会などのＣＤも、私がいようがいまいが、仕事をずっとし続けております。

みなさんも読んだことがあるでしょうけれども、書物の活字で読むときのパワーと、講演ＣＤで聴くパワーですと、ＣＤのほうがだいたい三倍ぐらいのパワーがあるのです。

では、ＣＤと実際の講演会とではどうかというと、霊的には、実際の講演会のほうが、ＣＤのまた二倍ぐらいのパワーがあるのです。だから、掛け算をすると、本で読む六倍ぐらいの値打ちがあるわけなのです。実際にそのくらいの感じがあります。

だから、必ず、みなさんに憑いているものに〝楔〟が入っているのです。必ず〝楔〟がプスッと入っているのです。

例えば、昔、「ジョーズ」という映画がありましたけれども、大きなサメですから、一本ぐらい銛を打ったとしても死なないのです。一本打ち、二本打ち、三本打ち、それにドラム缶を付けても、それでも水中に沈んでいきます。でも、次々次々と打ち続けていくと、だんだん沈んでいられなくなって、浮いてきます。

そういうかたちと一緒で、みなさんが持っておられる悪霊や憑依霊にも――その数は人によって違いますから、数が多い人はそう簡単にはいかないけれども、やはり、その〝巨体〟のなかに銛が入っていくのです。一本、二本、三本と入ってくるわけで、何本か入ったあたりで、どこかで限界値は来るのです。

普通の悪霊が一体だけだったら、一本、銛が入っただけで干上がってしまうこともありますけれども、何体もいる場合だったらそう簡単にいきません。しかし、一本、二本、三本、四本と、どんどんどんどん打ち続けていきますと、どこかで、クジラであろうがサメであろうが浮かんでくるのです。もうギブアップで、逃げられなくなってくる。こういうときがあります。

これはまだ〝方程式〟が確立していませんけれども、「霊界の物理学」で、だいたい何本、どのくらいの力で何本打ち込めば取れるというのは、計算式がたぶん立つはずなのです。絶対に立つと私は思って、また研究したいと思っているのですけれども、あるのです。

まず、その人に憑いている悪霊の念力のパワー量があるのです。パワー・エネルギー量と、それから、その人に憑いている年数がありますから、何年ぐらい憑いているか、それで「慣性の法則」により慣性が働いてくるのです。

「何年ぐらい憑いていて、どの程度、本人との関係が深いか。これでいくと、どの程度の光を打ち込むと離れるか」というのが、数式としてたぶん出てくるはずなのです。また研究したいと思っていますけれども。

ですから、本当は、みなさん一人ひとり個人宛(あ)てに、そういう〝通信簿(つうしんぼ)〟が行くと、非常に勉強しやすいのです。

今、英会話などですと、「あなたは、あと何百時間ヒアリングをすると、この点数が何点まで上がります」というのをよくやっています。そういう商売、「ヒアリングを三百時間しますと、あなたは百点ぐらい点数が上がります」とか、こういうのが流行(はや)っていますが、おそらく、真理の世界でも同じことはあるのであって、「あなたは、書籍(しょせき)を何冊ぐらい繰(く)り返して、何年ぐらいやりますと、こういうふうになります」とか、あるいは「あなたは講演会に何回出ると、これだけ悪霊が取れます」とか、方程式はあるのです。絶対あるのです。

ですから、各人が〝自分に固有のその計算式〟を発見することが大事だろうと思うのです。その自己確認をしていただきたいのです。現在の自分というものを、ちょっと自分の目から離れて、ほかの人の目で見る必要があるのです。

もう難しいことを考えるのが嫌(いや)であれば、この世で真理を学んでいるお友達がたぶんいるでしょうから、お友達の二、三人と会って、お茶でも飲んで、「あなたは、例えば、私を見てどう思うか」ということを訊いてみるわけです。「悪霊が憑いていると思うか、憑いていないと思うか」と、三人ぐらいに訊いて平均値を取ると、だいたい当たっていることが多いのです。三人ぐらいに訊いてみて、「憑いているとしたら、何人憑いていると思うか」と訊くわけです。

「二人」とか「三人」とか、いろいろあるでしょうが、平均して二・五だったら、だいたい二人から三人ぐらいが憑いたり離れたりしているわけです。

こういう平均値を出して、「それがどのくらい大きいと思うか」ということまで訊いてみるわけです。「この程度なのだろうと思う」というのを聞いてみて、「そういう悪霊が憑いているとすると、自分は、どのくらいの勉強をすれば、それが取れるようになるか」ということを考えてみるのです。そして、これからの勉強のスケジュールを組むのです。学習計画を立てるわけです。

新年になって、例えば「私は、本年、前半で悪霊を取り、後半は守護霊からの通信を受けるようになり、来年には指導霊の援助を受けられるようになりたい」という計画が立ちますと、それに合わせた勉強というのがあるわけなのです。これをやっていくことが大事であります。

地獄界をなくしていくために必要な「光の供給システム」

こういうふうに、真理の学習一つを取ってみても、非常に合理的な、科学的なものの考え方はあります。

たとえ、私たちの目には非常に不合理に見える霊界世界であったとしても、神の創られた世界のなかに属している以上、必ず一定の法則の下にあるのです。その法則が、三次元の人間から見たらちょっと分からないだけなのです。非常に不可解なだけであり、分からないだけなのです。

これを、もっと違った次元からの法則でちゃんと見ると、悪霊だとか地獄だとか言っているけれども、これはこういうことなのです。

例えば、「燃料を燃やすときに酸素が足りないと、どうなりますか」というと、不完全燃焼をします。不完全燃焼をして一酸化炭素が出ます。一酸化炭素を吸ってしまうと、もちろん呼吸困難に陥ります。ところが、酸素が十分で、燃料に比例した酸素がちゃんとありますと、完全燃焼をします。そして、一酸化炭素は出ないから死にもしないと、こういうことになります。

同じように、おそらく、霊界の悪霊とか、あるいはそうした地獄界というような世界も、〝不完全燃焼〟が起きているのだろうと推定されるのです。法則の下にいきますと、何かが、要するに要素として足りないために、人間の魂が〝完全燃焼〟をしていないのだろうと思うのです。そして一酸化炭素が出て、煤が出て、真っ黒になってきているのだろうと思うのです。

ですから、これを完全燃焼させる方向へ、例えば「酸素を入れる」というようなことをしますと、たぶん、そういう煤や煙が出なくなるようなかたちになってくるはずなのです。

これは、おそらく「数式」でも弾き出せるぐらいだろうと思います。

地獄界の人口はだいたい何十億かいますが、〝国勢調査〟がないので分からないし、私も分からないのですが、まあ、三十億なり五十億なりはいるのでしょうから、何十億かいて、「それが要求する光の量が、いったい、どの程度か」です。

それには、地獄界にいる人の〝平均値〟を取るわけです。〝平均的地獄霊〟というのがいるわけですから、平均的地獄霊を探して、「この人を成仏させるのに必要なものは何か」を考えてみるわけです。

例えば、平均的地獄霊を私が直接諭して、そして成仏させるのに、どれだけ時間がかかるかです。

もし、諭して成仏させるのが、平均して一時間かかるとします。その人の過去を洗いざらい言って反省させ、そして処方箋を出し、「こうしなさい」と言うのに、一時間かかるといたしましょうか。それが平均だとしますと、実際には、個別に、そのように不成仏霊をつかまえて説得はしていられません。何十億人もいたら、とてもではないけれども時間がない。時間がないからできないけれども、この、私が直接、一時間説得するのに相当するだけの「光のエネルギー」は、換算するとどうなるかです。直接、個人指導を一時間するのに当たる「光のエネルギー」はどうなるか。

それは、例えば真理の書籍の場合ですと、これの本人の理解力にもよります。本人の理解力が高ければ、例えば十冊ぐらい本を読みますと、自分で光が入って悪霊が取れるようなかたちになります。

理解力が低い人ですと、それくらいでは分からないので、もうちょっと分かりやすい話を講演会で聴いたり、セミナーに出たり、いろいろしないと分からなくなる。もっと理解力が落ちてくると、先生の話を直接聴くのでは分からないので、自分の先輩(せんぱい)、ちょっと先に進んでいるぐらいの人に手引きをしていただいて、だいぶ勉強をしてから、さらに難しい話を聴いたら、だんだん分かってくる。こういう方もいらっしゃるわけです。

そういうふうに、計算が成り立つわけです。

だから、三十億人、地獄霊がいるとすると、私は三十億時間をかければ、それを成仏させられるわけですけれども、実際はできない。実際はできないからどうするかというと、講演会、セミナー、研修会、こういう機会に話したものを、これがまた小冊子や本になって出したり、CDになって出したりしています。それを再生して聴いたり、読んだりする人がいます。

また、講師を育て、講師たちが勉強をして、その光を入れる役割をする。こういうことをしているわけです。

ですから、幸福の科学の活動の何十年かの間に、例えば四十年なら四十年、五十年なら五十年の間に、どれだけの光の生産ができるか、光の供給システムができるかによって、地獄界がなくなるか、なくならないか、何分の一ぐらい減るか、こういうのが決まってくるだろうと思うのです。

こういう極めて「科学的な戦い」が起きているのです。

現実に、本当に時間さえあれば、地獄霊の二匹や三匹憑いている人だと、この講演会の時間に、私が講演をやめてしまい、楽屋でその人に説教をしたら、地獄霊は絶対に取れるのです。確実に取れるわけです。

けれども、実際は、残念ながら二千人も三千人もいらっしゃると無理です。そして、こういう何千人を対象に講演しているだけで、さあ、どこまで取れるか。それは人によって違ってくる。

この楔が入った段階で、きっかけを知り、自分で求めて勉強を進めていきますと、あとは、自分の自力学習によって、かなり光を供給することができるようになって、取れるようになってくる。そういうことがあるわけなのです。

うなずいている方がだいぶいるけれども、もう一回、言います。七割から八割は関係があるのです。他人事(ひとごと)ではない。うなずいているけれども、うなずいている方は、ほとんどの場合、関係があるわけです。自分にも関係があるわけで、聴いているのはあなた一人ではなく、あなたの〝横〟に一人、二人、三人といるわけです。

それを、今、私が楔(くさび)を打ち込んでいます。銛(もり)が入っているのです。この銛は、〝泳いでいる〟うちに抜(ぬ)けたりしますから、抜けないうちに、次の銛を打ち込んでいかなければいけない。何本か打ち込んでいけば、悪霊が取れますから。取れる。必ず取れる。それが大事なことであるのです。

5　ユートピアの成就に向けた人生修行とは

弘法大師の「八十八箇所の霊場」に代わる大衆救済のシステムとは

「菩提心」とよく言いますが、悟りを求めての修行というのは、今言ったような科学的な計算式にも、実は裏付けされているのです。

地上に光の大指導霊が出るけれども、その人の持っている「持ち時間」というのがあるわけです。この地上での「持ち時間」と、発揮できる「エネルギー総量」があります。

そうすると、現在のように人口が非常に増えていますと、残念ながら、光の指導霊が出ても、個人の力でもって、すべての人を救済することはできなくなるわけです。

そうすると、どうするかというと、より近現代にマッチした、合理的で速度の速い展開をしていかざるをえないわけです。そういうシステムを組めないかぎり、その目的が成就できないことになるわけです。

弘法大師が、今から千年以上前に、四国に「八十八箇所」という霊場をつくって、そして巡礼させていたわけですが、その当時はそういうふうにやれたとしても、現代、弘法大師が布教するとしたらどうするかというと、そういうかたちではおそらく無理だろうと思うわけです。そういうかたちでは無理です。

当時の人口は少ないが、また逆に、当時は信仰心の篤い人たちもいた。悩みも、現在に比べたら、もうちょっと単純な悩みが多かった。そして、信仰心が強かった。こういうところでは、そういうお寺を「八十八箇所」つくって、そしてそこを巡礼したりする、こういう一つのシステムを彼は組んだわけで、これでかなりの大衆救済ができたわけです。

ところが、今は、お寺があったとしても、現代の人たちは忙しくて、そういう所を回らない。「四国八十八箇所」を回るためには、会社を休んで行かなければいけないわけです。そして、たいていの場合は、「八十八箇所」を回っているうちに、クビになっているわけです。普通の場合、会社に戻ってみたら席がないわけです。なくなっているわけです。そういうシステムでは、残念ながら修行ができないことになる。

　そうすると、どうするか。忙しい人でもやれるようにしなければいけない。忙しい人でもやれるようにするためにはどうするかというと、こちらから書籍を届けたり、いろいろしているわけです。みなさんも献本をしてみたり、いろいろと伝道されているでしょうけれども、そういうことをしないかぎり、一人ひとりのところに届いてこないわけです。残念ながら届かない。そういう「きっかけ」を与えないと、すべての人には伝わらなくなるわけです。こういうふうになります。

　ですから、昔だと「八十八箇所」をつくったらよかったことが、現在だとどうなるかというと、やはり、全国津々浦々、都市圏、大きな都市の駅がある近くあたりには事務所（支部等）を出して、各地でいろいろな行事をやったり、いろいろな運動をやっていかないかぎり、残念ながら、すべての人々にそういう聖地巡り（めぐ）はやってもらえない段階にあるわけです。

そして、疑い深い人が増えていますから、そういう人たちのために、いろいろな方法を取っていかなければいけない。そういう人たちのための方法とはいったい何であるかというと、世の中の多くの人々に認めていただけるような、格調の高い運動を起こしていくことです。そうしていかないと、疑い深い人たちはなかなか信じてはくださらない。乗ってきてはくださらない。こういうことがいっぱいあるわけです。

ですから、現代的な布教方法としての難しさが、そこにあるわけなのです。

地獄（じごく）をなくしていく「善の循環（じゅんかん）」を起こすには

そういうふうに考えてみますと、当会でいろいろな活動を計画しながら発展させていることの意味が、少しはお分かりになってきたのではないかというふうに思うわけです。

だから、今言ったように、十人のうち、七、八人の人が、何らかの霊的な作用を受けているとするならば、そういう人たちを、今世、悪霊の影響から遠ざける、これが「第一ステップ」なのです。

これは非常に大事なことで、まず生きている人を救わなければいけないのです。今、生きている人が大事です。まず生きている人を救わなくてはいけない。

なぜなら、彼らは現時点で、この地上で魂修行をしているからです。この三次元で救済すべき対象は、三次元に生きている人です。それがこの世の意味なのです。この人たちを救わなければいけない。

そうするとどうなるかというと、「第二ステップ」として、この三次元でそういう悪霊の取れた人が、死んだあと、地獄界に行かなくなるわけです。これが第二ステップです。

そうするとどうなるかということですが、地獄界の人口が減ってくるわけです。減ってくるとどうなるか。そうすると、三次元に出てきて、生きている人に取り憑くことが、だんだんできなくなるわけです。そうするとどうなるか。そうすると、三次元で迷う人の数が減ってくるわけです。

どこかで循環を、このシステムを変えますと、グルッと回っていますから、いいほうに向かうと「善の循環」が始まるのです。

また、悪いほうに回ると、もっともっと悪くなります。

例えば、三次元に生きている人の魂が〝悟りと反対のほう〟にずっと向いていきますと、どうなるか。生きているときにも、「地獄霊たちを引きつける」ということの数が増えます。それによって、地獄にいる人たちは、ますます悪いことを重ねていくようになって、成仏できなくなる。

そして、引き寄せた当人もまた、この世を去ったときに地獄に堕ちる。そうすると、地獄の人口が増える。増えるとどうなるかというと、また出てくる。そして、また憑く。増える。どんどん地獄が増えることになるわけです。

だから、どこかでこの循環を断ち切って、逆方向に持っていかねばならない。それには、生きている人間に、少しでも多くの人に目を開いていただくことが先決である。こう思えるわけです。

これが、実は、「伝道」といわれているものの根拠なのです。ここにあるのです。古い言葉で言っているけれども、人類を幸福化するには――この人類のなかには生きている人も生きていない人も入っていますけれども、それはどこかから手をつけなければいけないのです。どこかから手をつけなければいけない。

私たちが手をつけるべきところはどこであるかといったら、現時代に生きている人です。こういう人たちに、まず、先ほど言ったように「楔を打ち込むこと」が大事です。まず楔を打ち込んで、一本、光を入れてもらう。そして、気づいていただく。気づけば、あとはその人の努力で自分を光らせることができるわけです。これがありがたいことなわけです。

そのきっかけづくりのために、このようなかたちで各地で講演していますし、いろいろな種類の本を出していますし、また、会員のみなさまには「伝道しましょう」と言っているわけです。そうでしょう？

人間を幸福にするために、宗教はどうあるべきか

だから、私たちが言っているところの、この伝道の運動というのは、世の利益を追求しているところの株式会社のセールス訪問とか、いいですか、あんな契約の成約数とか、銀行の預金だとか、こんなものとは全然違うわけです。根本的に、まったく、もう根本から違うのです。どうか、ここを勘違いしないでいただきたいのです。根本から違うのです。

地上の会社なんていうのは、潰れたって、ほかのところがまた代わりの仕事をしてくれるのです。そんなところはいくらでもあるのです。「うちの会社に代わるところはない」というところはいっぱいあるでしょうが、実際は潰れてもそんなに困

らないのです。この競争社会のなかだと、必ず代わりのものができてきて、その市場の隙間を埋めてくれるのです。だから、そんなに変わらない。だから、あくまでも、そうした多くの企業がやっているなかでの、競争システムのなかでの一部でしかないわけなのです。

ところが、この宗教界のほうを見てみますとどうかというと、残念ながら、私たちが、正直な心で、正直な言葉で、「これは、当会、幸福の科学と非常にいい競争をするようなライバル団体だな」と思うようなところは、今、ないのです。見ていて、ないのです。

それは、同じようなところがいっぱいあれば、「よし。どちらが余計に人を幸福にできるか、救済できるか、大いに競争しようじゃないか」と、私などはそういう考えですから、フェアにやるのです。「一緒にやろうじゃないか。どちらがより人を導けるか、やろうじゃないか」と言いたいけれども、現実を見てみると、残念ながら、この世界はお粗末様であるのです。それどころか、逆のことをやっていることだっていくらでもあるのです。

現実の企業の世界だと、例えば、穴の開いたタイヤなんかを売ったりしたら、会社が成り立たなくなるでしょう。そんな、すぐパンクするような、事故を起こすようなタイヤを売れば、タイヤ会社は成り立たなくなるけれども、この宗教の世界のようなところは、目に見えないで分からないから、そういう商売がまかり通っているわけなのです。まかり通っているのです。これは大変なことなのです。

だから、できるだけ当会の教義を「明確化」して、そして、現代に生きている人が読んで、摩訶不思議な世界ではなくて「知性」と「理性」でもって理解できる、そういう意味での「教科書化」を私は進めているのです。

この「明確化」「教科書化」を進めることによって、明らかに、他のものとの、思想の世界におけるコンペティション、競争というのが起きてくるのです。これを狙っているのです。そして、粗悪なものが脱落していくことを、やはり望んでいるのです。

それをやらないかぎり、この宗教の世界もよくならないのです。やはり、これは正規の、正しい、そういう競争が起きなければいけないのです。

それで、もし、私たちのやっていることをまねしてくるところがあったとしても、それがいいものであったら、私は大いに受け入れるつもりでいるのです。そういうライバル団体が出てくることは好ましいことなのです。どんどん出てきてほしいのです。そして、切磋琢磨して、「もっといい方法はないか、お互いやってみようじゃないか。おたく以上に人間を幸福にしてみせる」と、お互いにやってみたいのです。そうしなければいけないのです。

この世界は、みんな「唯我独尊」で完結しているのです。排他的です。その排他的ということが、「他を排する」ということだけではなく、独善的なのです。理解しようとしない。目を向けようとしない。自分たちだけの世界にしようとする。自分たちのところだけに〝高天原〟があるようになっている。そんな考え方をしている。

これではいけないので、これを明瞭化し、もっとオープンにして、そして、悪しきものは、悪いタイヤをつくったり、悪い車をつくったりしているところは、どんどん売れなくなっていく。当然のことです。そして、いいものをどんどん出していく。こういうものにしていきたい。

そういうことで、現在、日本に十八万も宗教団体がございますけれども、正直言って、私は、まあ、三つ四つ残ればいいと思っているのです。三つ四つ残ればいい。あとの十七万九千九百九十六か七、これは要らないのです。はっきり言って、もう要らないのです。

もちろん、過去の伝統を背負っているものとして、〝天然記念物〟、あるいは国の重要文化財を守っているような団体は、それはそれなりに存在意義があると認めてあげたいと思うけれども、そういう〝文化の継承〟ということを外して、「現実の人々の心を幸福にしているか。本当に人々を救っているのか」という観点から宗教を見たときに、そういう十七万幾らの団体は、もう消えるべきであるというふうに思っているのです。そこまで明確化してやっていきたい。そう思っています。

そのためには、幸福の科学に集っているところのみなさん一人ひとりが、やはり明確な思想、思考を持ち、明確な行動パターンを持って、そして、自らはもう当然のことながら、自分の「自家発電」で走っていけるような、そういう力強い駆動力を持って、それだけではなくて、自分の車の後ろに他の人の〝エンコした車〟、〝エンストの車〟を付けて引っ張っていけるぐらいの馬力を持っていただきたいのです。

そういうことで、今後とも、どんどんどんどん、この世の中をよくしていきたいと思っているわけです。

そして、この世の中を一定の時間内でよくするためには、どうするか。そこにいる人の「質」と「量」が問題になるわけです。「できるだけ短い時間の間に、質を高めて、数を増やす」ということができれば最高です。

こういうことで、当会では、今、「学習」「伝道」の両方が必要です。「学習」は質を高める行為です。「伝道」は量を増やす行為です。「この両方が相まってこそ、世の中がよくなっていく速度は速くなっていくのですよ」とお教えしているわけです。

そうして、「光満つる人生」というのが開けてくるわけであり、「光満つる日本」というのが開けてくるわけです。それで、今回のユートピア活動というものが、そこで成就するわけであります。

ありがとうございました。

あとがき

第4章の「伝道の精神」を話した後には、キリスト教関係者からも、「まさにその通りです。」といったお言葉をたくさん戴(いただ)いた。

第5章の「人生修行の道」は、とてもつらい講演会だった。まず荒天候(こうてんこう)だった。次に、前座の私の父・善川三朗(よしかわさぶろう)が予定の四十分を超えて、一時間十分余り話したため、私の講演時間は五十分ぐらいしか残ってなかった。しかも、当日は会場も、行事関係者も霊障(れいしょう)の人が多くて、私は精神統一に入(はい)るのに時間がかかり、予定していた宗教的深みのある講演ができなかった。自分としては失敗感が残った。そして三年間一緒にやってきた、父との合同講演会を打ち切るきっかけともなった。

翌年の三十五歳からは一人立ち講演会となった。孤独に耐える自信も出てきたということだろう。人生、雨の日も、風の日も、晴れの日もある。出会いもあれば、別れもある。宗教家とは、実につらい職業なのだ。「さらば大川隆法、されど大川隆法」の三十四歳だった。

二〇二一年　七月三十日

幸福の科学グループ創始者兼総裁　大川隆法

『大川隆法　初期重要講演集　ベストセレクション⑤』関連書籍

『太陽の法』（大川隆法 著　幸福の科学出版刊）
『不滅の法』（同右）
『大川隆法　初期重要講演集　ベストセレクション②』（同右）
『大川隆法　初期重要講演集　ベストセレクション③』（同右）
『仕事と愛』（同右）
『「宇宙の法」入門』（同右）
『公開霊言 超古代文明ムーの大王 ラ・ムーの本心』（同右）

※左記は書店では取り扱っておりません。最寄りの精舎・支部・拠点までお問い合わせください。
『伝道論』（大川隆法 著　宗教法人幸福の科学刊）
『大川隆法霊言全集 第2巻 日蓮の霊言』（同右）

大川隆法(おおかわりゅうほう)　初期重要講演集(しょきじゅうようこうえんしゅう)

ベストセレクション⑤

――勝利の宣言――

2021年 8 月26日　初版第 1 刷

著　者　　大川隆法(おおかわりゅうほう)

発行所　　幸福の科学出版株式会社

〒107-0052 東京都港区赤坂 2 丁目 10 番 8 号
TEL(03)5573-7700
https://www.irhpress.co.jp/

印刷・製本　株式会社 堀内印刷所

落丁・乱丁本はおとりかえいたします

ISBN978-4-8233-0283-1 C0014

太陽の法

エル・カンターレへの道

創世記や愛の段階、悟りの構造、文明の流転を明快に説き、主エル・カンターレの真実の使命を示した、仏法真理の基本書。14言語に翻訳され、世界累計1000万部を超える大ベストセラー。

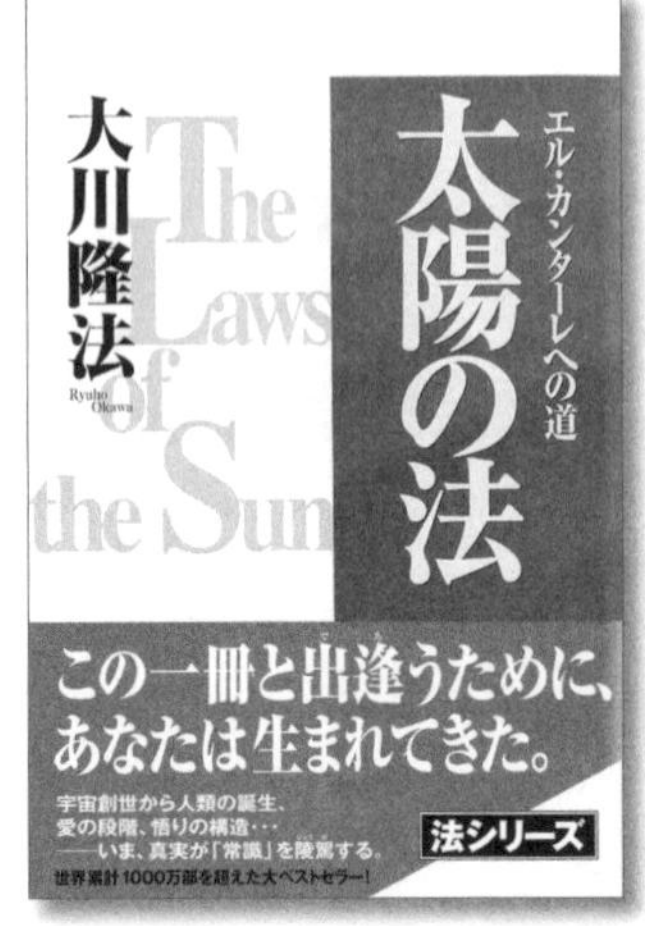

第１章　太陽の昇る時
第２章　仏法真理は語る
第３章　愛の大河
第４章　悟りの極致
第５章　黄金の時代
第６章　エル・カンターレへの道

2,200円

黄金の法

エル・カンターレの歴史観

歴史上の偉人たちの活躍を鳥瞰しつつ、隠されていた人類の秘史を公開し、人類の未来をも予言した、空前絶後の人類史。

2,200円

永遠の法

エル・カンターレの世界観

『太陽の法』（法体系）、『黄金の法』（時間論）に続いて、本書は、空間論を開示し、次元構造など、霊界の真の姿を明確に解き明かす。

2,200円

※表示価格は税込10%です。

大川隆法ベストセラーズ・初期講演集シリーズ

大川隆法　初期重要講演集 ベストセレクション①

幸福の科学とは何か

これが若き日のエル・カンターレの獅子吼である──。「人間学」から「宇宙論」まで、幸福の科学の基本的思想が明かされた、初期講演集シリーズ第1巻。

1,980円

大川隆法　初期重要講演集 ベストセレクション②

人間完成への道

本書は「悟りへの道」の歴史そのものである──。本物の愛、真実の智慧、反省の意味、人生における成功などが分かりやすく説かれた「悟りの入門書」。

1,980円

大川隆法　初期重要講演集 ベストセレクション③

情熱からの出発

イエスの天上の父が、久遠の仏陀がここにいる──。聖書や仏典を超える言魂が結晶した、後世への最大遺物と言うべき珠玉の講演集。待望のシリーズ第3巻。

1,980円

大川隆法　初期重要講演集 ベストセレクション④

人生の再建

苦しみや逆境を乗り越え、幸福な人生を歩むための「心の法則」とは何か──。名講演といわれた「若き日の遺産」が復原された、初期講演集シリーズ第4巻。

1,980円

幸福の科学出版

大川隆法ベストセラーズ・**エル・カンターレ質疑応答集**

「エル・カンターレ 人生の疑問・悩みに答える」シリーズ

幸福の科学の初期の講演会やセミナー、研修会等での質疑応答を書籍化。一人ひとりを救済する人生論や心の教えを、人生問題のテーマ別に取りまとめたＱＡシリーズ。

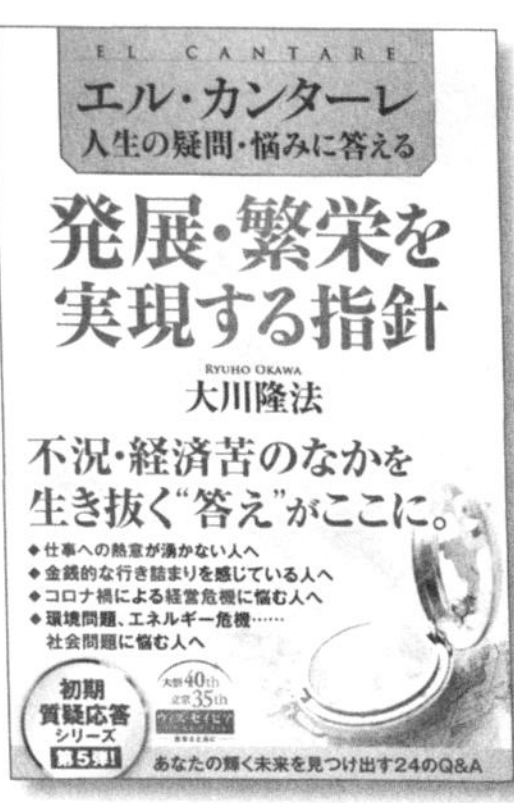

初期質疑応答シリーズ 第1～5弾!

5 発展・繁栄を実現する指針

信仰と発展・繁栄は両立する──。「仕事」を通じて人生を輝かせる24のQ&A。進化・発展していく現代社会における神仏の心、未来への指針が示される。

1

人生をどう生きるか

2

幸せな家庭をつくるために

3

病気・健康問題へのヒント

4

人間力を高める心の磨き方

各1,760円

幸福の科学出版

大川隆法シリーズ・最新刊

ＵＦＯリーディング 激化する光と闇の戦い

救世主を護る宇宙人vs.全体主義国家を支援する悪質宇宙人──。地球における価値観対立の裏にある宇宙戦争の秘密を明かし、護るべき「地球的正義」に迫る。

1,540円

メタトロンの霊言「危機の時代の光」

地球的正義が樹立されない限り、コロナ禍も天変地異も終わらない──。メシア資格を持つ宇宙存在が、地球全体を覆う諸問題や今後の世界の展望について語る。

1,540円

コロナ不況にどう立ち向かうか

コロナ・パンデミックはまだ終わらない──。東京五輪断行が招く二つの危機とは？ 政府や自治体に頼らず、経済不況下を強靱に生き抜く「智慧」がここに。

1,650円

青春詩集 愛のあとさき

若き日の著者が「心の軌跡」を綴った「青春詩集」。みずみずしい感性による「永遠の美の世界」がここに。詩篇「主なる神を讃える歌」を新たに特別追加！

1,760円

※表示価格は税込10％です。

幸福の科学グループのご案内

宗教、教育、政治、出版などの活動を通じて、地球的ユートピアの実現を目指しています。

幸福の科学

一九八六年に立宗。信仰の対象は、地球系霊団の最高大霊、主エル・カンターレ。世界百六十カ国以上の国々に信者を持ち、全人類救済という尊い使命のもと、信者は、「愛」と「悟り」と「ユートピア建設」の教えの実践、伝道に励んでいます。

（二〇二一年八月現在）

愛

幸福の科学の「愛」とは、与える愛です。これは、仏教の慈悲（じひ）や布施（ふせ）の精神と同じことです。信者は、仏法真理をお伝えすることを通して、多くの方に幸福な人生を送っていただくための活動に励んでいます。

悟り

「悟り」とは、自らが仏の子であることを知るということです。教学（きょうがく）や精神統一によって心を磨き、智慧（ちえ）を得て悩みを解決すると共に、天使・菩薩（ぼさつ）の境地を目指し、より多くの人を救える力を身につけていきます。

ユートピア建設

私たち人間は、地上に理想世界を建設するという尊い使命を持って生まれてきています。社会の悪を押しとどめ、善を推し進めるために、信者はさまざまな活動に積極的に参加しています。

国内外の世界で貧困や災害、心の病で苦しんでいる人々に対しては、現地メンバーや支援団体と連携して、物心両面にわたり、あらゆる手段で手を差し伸べています。

年間約２万人の自殺者を減らすため、全国各地で街頭キャンペーンを展開しています。

公式サイト **www.withyou-hs.net**

自殺防止相談窓口

受付時間　火～土:10～18時（祝日を含む）

TEL **03-5573-7707** メール **withyou-hs@happy-science.org**

ヘレン・ケラーを理想として活動する、ハンディキャップを持つ方とボランティアの会です。視聴覚障害者、肢体不自由な方々に仏法真理を学んでいただくための、さまざまなサポートをしています。

公式サイト **www.helen-hs.net**

入会のご案内

幸福の科学では、大川隆法総裁が説く仏法真理をもとに、「どうすれば幸福になれるのか、また、他の人を幸福にできるのか」を学び、実践しています。

仏法真理を学んでみたい方へ

大川隆法総裁の教えを信じ、学ぼうとする方なら、どなたでも入会できます。入会された方には、『入会版「正心法語」』が授与されます。

ネット入会 入会ご希望の方はネットからも入会できます。
happy-science.jp/joinus

信仰をさらに深めたい方へ

仏弟子としてさらに信仰を深めたい方は、仏・法・僧の三宝への帰依を誓う「三帰誓願式」を受けることができます。三帰　者には、『仏説正心法語』『祈願文①』『祈願文②』『エル・カ　レへの祈り』が授与されます。

幸福の科学 サービスセンター
TEL 03-5793-1727
受付時間／火～金:10～20時　土・日祝:10～18時（月曜を除く）

　科学 公式サイト
　ppy-science.jp

ハッピー・サイエンス・ユニバーシティ
Happy Science University

ハッピー・サイエンス・ユニバーシティとは

ハッピー・サイエンス・ユニバーシティ(HSU)は、大川隆法総裁が設立された「現代の松下村塾」であり、「日本発の本格私学」です。
建学の精神として「幸福の探究と新文明の創造」を掲げ、チャレンジ精神にあふれ、新時代を切り拓く人材の輩出を目指します。

人間幸福学部　経営成功学部　未来産業学部

HSU長生キャンパス TEL **0475-32-7770**
〒299-4325　千葉県長生郡長生村一松丙 4427-1

未来創造学部

HSU未来創造・東京キャンパス
TEL **03-3699-7707**
〒136-0076　東京都江東区南砂2-6-5

公式サイト **happy-science.university**

学校法人 幸福の科学学園

学校法人 幸福の科学学園は、幸福の科学の教育理念のもとにつくられた教育機関で。人間にとって最も大切な宗教教育の導入を通じて精神性を高めなが　ユートピア建設に貢献する人材輩出を目指しています。

幸福の科学学
中学校・高等学　那須本校)
2010年　月開校・栃木　郡（男女共学・全寮制）
TEL **0 87-75-77**　式サイト **happy-science.ac.jp**

関西中学校・高等学　関西校)
13年4月開校・滋賀県大　共学・寮及び通学)
EL **077-573-7774**　**kansai.happy-science.ac.jp**

仏法真理塾「サクセスNo.1」

全国に本校・拠点・支部校を展開する、幸福の科学による信仰教育の機関です。小学生・中学生・高校生を対象に、信仰教育・徳育にウエイトを置きつつ、将来、社会人として活躍するための学力養成にも力を注いでいます。

TEL 03-5750-0751（東京本校）

エンゼルプランV

東京本校を中心に、全国に支部教室を展開。信仰をもとに幼児の心を豊かに育む情操教育を行い、子どもの個性を伸ばして天使に育てます。

TEL 03-5750-0757（東京本校）

エンゼル精舎

乳幼児が対象の、託児型の宗教教育施設。エル・カンターレ信仰をもとに、「皆、光の子だと信じられる子」を育みます。
（※参拝施設ではありません）

不登校児支援スクール「ネバー・マインド」

TEL 03-5750-1741

心の面からのアプローチを重視して、不登校の子供たちを支援しています。

ユー・アー・エンゼル！（あなたは天使！）運動

障害児の不安や悩みに取り組み、ご両親を励まし、勇気づける、障害児支援のボランティア運動を展開しています。

一般社団法人 ユー・アー・エンゼル
TEL 03-6426-7797

NPO活動支援

学校からのいじめ追放を目指し、さまざまな社会提言をしています。また、各地でのシンポジウムや学校への啓発ポスター掲示等に取り組む一般財団法人「いじめから子供を守ろうネットワーク」を支援しています。

公式サイト mamoro.org　ブログ blog.mamoro.org
相談窓口 TEL.03-5544-8989

百歳まで生きる会

「百歳まで生きる会」は、生涯現役人生を掲げ、友達づくり、生きがいづくりをめざしている幸福の科学のシニア信者の集まりです。

シニア・プラン21

生涯反省で人生を再生・新生し、希望に満ちた生涯現役人生を生きる仏法真理道場です。定期的に開催される研修には、年齢を問わず、多くの方が参加しています。
全世界212カ所（国内197カ所、海外15カ所）で開校中。

【東京校】 TEL 03-6384-0778　FAX 03-6384-0779
メール senior-plan@kofuku-no-kagaku.or.jp

幸福実現党

内憂外患の国難に立ち向かうべく、2009年5月に幸福実現党を立党しました。創立者である大川隆法党総裁の精神的指導のもと、宗教だけでは解決できない問題に取り組み、幸福を具体化するための力になっています。

新しい夢を、
あなたに。
党首 釈量子

幸福実現党NEWS

感染収束の楽観視は危険
コロナ禍は中国の思惑通り!?

コロナは中国が仕掛けた!?

党の機関紙
「幸福実現党NEWS」

幸福実現党 釈量子サイト **shaku-ryoko.net**
Twitter **釈量子@shakuryokoで検索**

幸福実現党　党員募集中

あなたも幸福を実現する政治に参画しませんか。

○幸福実現党の理念と綱領、政策に賛同する18歳以上の方なら、どなたでも参加いただけます。

○党費：正党員（年額5千円［学生 年額2千円］）、特別党員（年額10万円以上）、家族党員（年額2千円）

○党員資格は党費を入金された日から1年間です。

○正党員、特別党員の皆様には機関紙「幸福実現党NEWS（党員版）」（不定期発行）が送付されます。

＊申込書は、下記、幸福実現党公式サイトでダウンロードできます。
住所：〒107-0052　東京都港区赤坂2-10-8 6階 幸福実現党本部
TEL **03-6441-0754**　FAX **03-6441-0764**
公式サイト **hr-party.jp**